心如工画师
核心心理学

陈兵题

核心心理学

申荷永斐恩讲座

PSYCHOLOGY OF THE HEART

申荷永 著

中国人民大学出版社
· 北京 ·

斐恩讲座简介

斐恩讲座（Fay Lecture）是目前国际上最重要的荣格分析心理学系列讲座，每年邀请一位富有原创思想的国际心理分析师主讲，并将其讲座整理成专著出版。斐恩讲座已有数十年历史，缘起于荣格作为主讲人的耶鲁大学系列演讲；自 1990 年始由卡洛琳·斐恩（Carolyn Grant Fay）资助，并得到麦克米兰家族（Frank N. McMillan）支持。数任国际分析心理学会（IAAP）主席，如维蕾娜·卡斯特（Verena Kast）、鲁伊基·肇嘉（Luigi Zoja）、默瑞·斯丹（Murray Stein）、乔·凯布雷（Joe Cambray）、克里斯蒂安·盖拉德（Christian Gaillard），以及诸多资深荣格心理分析师，如约翰·比毕（John Beebe）、安东尼·斯蒂文森（Anthony Stevens）、琼·乔多罗（Joan Chodorow）、河合隼雄（Hayao Kawai）、玛丽昂·伍德曼（Marion Woodman）等，均曾受邀做斐恩讲座。中国社会科学出版社 2003 年出版的“点金石译丛”，便是以斐恩讲座系列为基础的。这部《核心心理学》，是第一位华人心理分析师的斐恩讲座专著。

序言一：从心开始

约翰·比毕[①]

在我步入中年之际，《心的真实》[②] 公开发行。这是以采访当时与荣格关系密切的荣格心理分析师为主题的纪录片。对于很多人来说，这个片名显得有些神秘。

很多成熟的人习惯上将荣格视为心智直觉的康德式表达者，认为他在社会态度上有些弱势，并且感觉功能不可靠，以至于在对现代性的冷酷摒弃和将情感的爆发引入临床与教学情境的诱惑性倾向之间摇摆。他毕生都在努力扭转20世纪的许多分裂倾向，恢复心理成熟个体的本质联结，这一点甚至连他最忠实的读者也没有注意到。他自己的工作自始至终都是出于良知，是为了从群体激情和意识形态中拯救出适当的内倾感觉，这是他的大多数批评者所忽略的。

我这一代的心理分析师，从亨德森（Joseph Henderson）、惠尔赖特（Jo Wheelwright）和冯·弗兰兹（Marie-Louise von Franz）这样的长者那里学到了关于荣格的不同东西。他们都十分熟悉荣格本人，都曾沉浸在荣

---

① 约翰·比毕（John Beebe），美国资深心理分析师，旧金山荣格学院前院长，《荣格杂志：文化与心灵》（*Jung Journal: Culture & Psyche*）创刊主编。

② 《心的真实》（*Matter of Heart*，1986），苏珊·瓦格纳（Suzanne Wagner）编剧，马克·惠特尼（Mark Whitney）导演，迈克尔·惠特尼（Michael Whitney）制片。

格向他们介绍的中国文化核心思想之中。他们还帮助我找到荣格为卫礼贤和贝恩斯《易经》译本所撰写的序言①，这是他的所有作品中我最喜欢的。

在研究了这些东方精华之后，《〈金花的秘密〉评论》② 之后的荣格学者，也就是20世纪60年代和70年代受训的分析师，与我一样，逐渐熟悉了中国伟大的伦理传统的深刻融合魅力。我们学到了荣格之家的真理，即道的滋养与培育，意味着让我们的心，对联结所有人类情感的当下感觉保持开放。因此，在这本由中国第一位在本土工作的国际分析心理学会（IAAP）心理分析师所撰写的书中，发现一个完整的阐释，说明中国人的个人自我的连通性在许多世纪以前就已经很明显，这是很奇妙的。

如今荣格学者所坚持使用的神秘莫测的“心灵”（the psyche），被我们中国心理学的祖先用“心”（the heart）来表达，而申荷永博士则有效地阐释了“心之理”（heart-mind）的内涵与意义。通过这种最基本的、使我们能够与自己和他人深度接触的形式，本书将分析心理学回归至其最重要的根源之一，即传统的中国智慧。然而，其疗愈之脉是申博士自己在“心之理”与“理于心”中所发现的能量，这种能量可以修复阻碍深度联结的僵化部分。这种亲情的深度联结，可以滋养我们所有的人。

① C. G. Jung (1950/1969). Foreword to the *I Ching*. In *The Collected Works of C. G. Jung*, *Volume 11*, *Psychology and Religion*: *West and East*. Princeton: Princeton University Press, pp. 589 – 608.

② C. G. Jung (1929/1967). Commentary on “The Secret of the Golden Flower.” In *The Collected Works of C. G. Jung*, *Volume 13*, *Alchemical Studies*. Princeton: Princeton University Press, pp. 20 – 56.

From the Heart

John Beebe

In my own middle years, when the documentary of interviews with the then-living Jungian analysts in the West who had been closest to Jung was released, its title, *Matter of Heart*①, was to many viewers a bit mysterious.

Most had grown used to seeing Jung presented in the Kantian frame of an intellectual intuitive, someone who had a weak social attitude and an unreliable feeling that wavered between a snobbish dismissal of the coldness of modernity and a seductive tendency to introduce bursts of sentiment into clinical and teaching situations. That his oeuvre was a lifelong effort to reverse the many schizoid tendencies of the twentieth century and recover the essential relatedness of the psychologically mature individual had escaped even his most devoted readers. And that his own work on himself was a work of conscience throughout, an effort to rescue an appropriate introverted feeling from collective passions and ideologies sailed over the heart of most of his critics.

My generation of analysts learned about a different Jung from elders such

① *Matter of Heart* (1986). Written and conceived by Suzanne Wagner. Directed by Mark Whitney. Produced by Michael Whitney.

as Joseph Henderson, Jo Wheelwright, and Marie-Louise von Franz, all of whom had known Jung well, immersed themselves in the keys ideas of Chinese culture that Jung had introduced to them, and helped me find the Foreword① to the Wilhelm/Baynes translation of the *I Ching*, my favorite of all his writings.

Studying with these seminal, post- "Commentary to the Secret of the Golden Flower"② Jungians, analysts in training in the 1960s and 1970s, became acquainted as I did with the deeply integrative grace of the great ethical traditions of China. We learned the Jungian home truth that cultivating the tao meant letting our hearts remain open to the current of feeling that binds all human beings. It is therefore wonderful to discover in this book by the first Jungian analyst working in China to be certified by the International Association for Analytical Psychology a complete explanation of how, for the Chinese mind, the connectedness of the personal self was already evident many centuries ago. What Jungians nowadays persist in referring to with a mystifying imprecision as 'the psyche' was conceived by our Chinese psychological ancestors as *Xin*, and Dr. Heyong Shen has usefully translated their term the 'heart-mind.' With this most basic formulation of what enables us to engage with ourselves and others, this book returns analytical psychology to one of its essential sources, traditional Chinese wisdom. Its healing pulse, however, is Dr. Shen's own emphasis on finding in the heart of the mind the energy needed to cut through the branches of impasse that would otherwise block an essential stream of relatedness that can nourish us all.

---

① C. G. Jung (1950/1969). Foreword to the *I Ching*. In *The Collected Works of C. G. Jung*, *Volume 11*, *Psychology and Religion*: *West and East*. Princeton: Princeton University Press, pp. 589 – 608.

② C. G. Jung (1929/1967). Commentary on "The Secret of the Golden Flower." In *The Collected Works of C. G. Jung*, *Volume 13*, *Alchemical Studies*. Princeton: Princeton University Press, pp. 20 – 56.

序言二：心如生之根

戴维·罗森[①]

心如生命之根，正如“核心心理学”（psychology of the heart）使人付出、友善、生存。

其中已然包含生而为人的道理。

而且，心与灵魂自然如一，如“心与魂”之歌。

感应，是我们触及灵魂时的感受。

心与灵魂，是个人、人际与灵性生活的根基。

两者如一，皆具神性。

通常，心与灵魂的袭人，总是引向重要的转化。

本书关乎爱与慈悲，对人对己，这是所有爱与善的基础。

让我们记住，“勇气”（courage）的拉丁语词根“coer”，正含心之寓意。

本书提醒我们，心与灵魂是所有心理学的基石。

我祝贺申荷永写出这部重要、及时，以及属于永恒的著作。

---

① 戴维·罗森（David Rosen），资深荣格心理分析师，得克萨斯农工大学教授，其代表著作《荣格之道》与《转化抑郁》均有中译本。

The heart is essential for life

David Rosen

The heart is essential for life, so a psychology of the heart keeps one giving, relating and living.

It is the essence of being a human being.

And, heart and soul naturally go together, just like the song "Heart & Soul."

Heartfelt is exactly that...we feel a soulful connection.

Heart & Soul is the basis for personal, interpersonal and spiritual life.

They are inseparable and both divine.

Often heart & soul attacks lead to major transformations.

This volume is about being loving and kind to oneself, which is the basis for all loving and kind relationships.

Let us never forget that the Latin root of courage is "coer," which means heart.

This work reminds us that heart and soul are the foundation of all psychology.

I applaud Heyong Shen for writing such an important, timely and timeless book.

引　　子

“心理学”的中文名字，从左往右读是“心理学”；若是有人从右往左反过来看的话，便是“学理心”。

心的意义，是中国文化、中国哲学与中国心理学的核心。绝大部分基本的心理学术语，在汉字中归属于“心部”，本由心的意象构成，对深度心理学与荣格分析心理学富有启迪。

荣格曾学习《易经》与汉字。他曾将其形容为“可读的原型”（Jung，August 24，1960/1973g）。在《红书》中，荣格说：“若有人想来学习这种语言，但又有谁能来教呢？只有学术是不能的，这里有一种深邃的心的知识（a knowledge of the heart）。”（Jung，2009，p. 233）我们知道帕斯卡尔的名言：“心有心的理智，理智对此一无所知。”（The heart has its reasons of which reason knows nothing）作为对帕斯卡尔的回应，荣格说：“……学术只是属于这个时代的精神，但这一精神对梦一筹莫展，因为灵魂无处不在，而学术十分有限。”（p. 233）

以心为本，文心吉庆

汉字中的“思想”“情感”“意志”，都由心的意象组建，包括“爱”（愛）、“恨”、“慈悲”、“德”、“听”（聽）、“愈”，以及“聪”、“慧”和“悟”。

心的意象与意义是中国文化与哲学的核心。当孔子被问到用一个字来概括其思想的时候，他给了

“恕”：“如心”，如同一心。道家有美妙的“虚其心”（《道德经》第三章），“惟道集虚，虚者，心斋也”（《庄子·人间世》）。佛教禅宗本为“心宗”，主张以心传心，明心见性。心的意象与意义同样是《易经》的核心，圣人以此洗心。五行与中医也是如此，心病还须心药医。

“文心吉庆”
（李燕题“心理分析与中国文化国际论坛”）

可见，心实为中国文化之核心。即使是汉字“文”，文化与文明之“文”，文字与文学之“文”，也是寓心其中（），以心为本。

大家可能知道荣格与“山湖”① 的故事。1924年，49岁的荣格前往美国新墨西哥州的陶斯印第安村（Taos Pueblos）。荣格与陶斯印第安村的酋长山湖是朋友。荣格问山湖，为什么他会认为白人都是疯子。山湖回答说：“他们说他们是用头脑思考。”“当然。那有什么问题

新墨西哥州的陶斯印第安村（1925）

① 山湖（Mountain Lake），即奥奇维艾·比昂诺（Ochwiay Biano），美国新墨西哥州的一位印第安酋长，与荣格是朋友。

吗?”荣格惊奇地问山湖，“不然你用什么来思考呢?”“我们用这里。”山湖用手拍了拍自己心的部位。对此，荣格后来说：“我顿时陷入沉思。这位印第安人击中我们的要害，揭示出我们全都视而不见的事实。我感到内心涌现一种无形的迷雾，一种不可名状却又倍加熟悉的感觉。”（荣格，1963/1988，416－417 页）这个故事被记录在荣格自传《回忆·梦·思考》中。

荣格与山湖（奥奇维艾·比昂诺）

为这次斐恩讲座来休斯敦之前，我与朋友去到墨西哥。我们访问了墨西哥城，参观了特诺奇蒂特兰博物馆，去了特奥蒂瓦坎，漫步“亡灵大道”，登上太阳金字塔与月亮金字塔。我尽管是第一次去到那里，却有着深远的熟悉感觉，似曾相识。荣格相信，美洲的印第安人，缘起于远古的中国人。① 当我站在索奇皮利②雕像前面的时候，有些梦被唤醒，并想起荣格与山湖的对话。

① 在有关印第安人起源的学说中，古中国人穿越白令海峡（大陆桥）抵达美洲最具影响力。荣格对此深信不疑，认为印第安人的祖先是中国人。

② 索奇皮利（Xōchipilli），意为“花王子”，是玛雅文化中的花神或植物神，被认为是音乐、舞蹈和艺术的守护者。

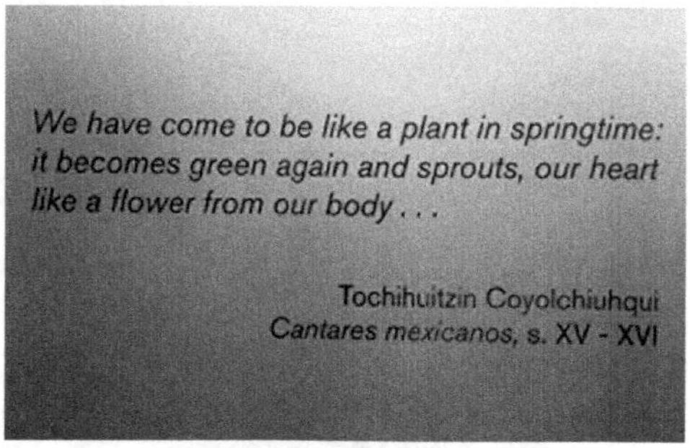

索奇皮利雕像及其背后的文字（特诺奇蒂特兰博物馆）

我关注到索奇皮利雕像背后的一行文字："我们在春季成为植物：重新变绿萌芽，吾心如吾身之花。"那一时刻，透红的白玉兰①、"金花的秘密"②，

① 荣格1927年1月2日做的"利物浦"之梦，记录在其自传《回忆·梦·思考》中。梦中广场的中央有一个圆形的水池，水池中央则是一个小岛，"岛上只长着一棵树。这是一棵玉兰，上面开满了千百朵红花。这棵树仿佛就立在阳光之中，但同时又是那光源"（Jung 1963/1989, p. 198）"利物浦"之梦对荣格一生影响深远，他似乎感受到了一种天意或命运的安排，便是被引向中国。利物浦，是中国人在英国的最早居住地，那里建有全欧洲最古老的中国城。荣格也曾试着将"利物浦"之梦画出来，犹如曼荼罗的绘画；而梦中的玉兰花，则属于曼荼罗的核心。

② 在做了"利物浦"之梦后的一周，也就是1927年1月9日，荣格制作了一幅"永恒之窗"曼荼罗：中间是一朵发光的花，星星在它周围旋转。花的周围是有八道门的墙。整体构成一扇透明的窗户。荣格说："随这个梦而来的还有一种命中注定感。我看出来，在这个梦里，目的是什么已做出了启示。一个人是无法走到这个中心之外的。这个中心就是那个目的，而一切都是引向这个中心的。通过这个梦，我明白了，自性就是方向与含义的原则和原型，其治疗性作用就存在于其中。对我来说，这种顿悟暗示了通向这个中心——因而也就是到达这一目标的方法。"……由此延伸，从而有了"金色城堡"（The Golden Castle，1928），获悉来自中国的呼唤。荣格画完"金色城堡"，反复问自己："这画怎么如此像中国？"就在那一刻，荣格收到卫礼贤寄来的有关《金花的秘密》的邮件。荣格说："我即刻沉浸于这文稿之中，就我关于曼荼罗及这居中圆绕的想法，此书给予了我意想不到的证实。这是打破我孤独的第一件事。我开始意识到一种共鸣，终于可以与某事和某人建立联系了。"（Jung，1963/1989，p. 196）由此，荣格完成了其与卫礼贤合作的《金花的秘密》。可见，荣格在绘制这"金色城堡"的时候，似已命中注定要接触来自道家的"金花的秘密"，而这"金花的秘密"，是道的体现，也即自性与自性化。

以及“灵魂之花”[①]，逐一涌现绽放……亦如《易经》之“复卦”与“中孚卦”，天地之心的意象已在其中。[②]

以“核心心理学”（psychology of the heart），以及“荣格分析之心”（The heart of jungian analysis）为主题，我们将在心理分析与中国文化的背景中，来探索心的智慧，也就是核心心理学的意象与意义。

---

① 荣格1933年在爱诺思东西方文化圆桌会议上第一次演讲时，以《自性化过程研究》为主题，呈现其来访者“X小姐”的24幅画作。其中第九幅，被称为《灵魂之花》（Soul Flower，完成于1928年11月26日），由《易经》的四个卦象（豫、损、升、鼎）相伴。这是其决定性的疗愈与转化时刻，荣格认为：“我们患者内心发展过程的阶段及面向，可以很容易通过《易经》的语言得到解释，因为其基础同样是构成道教和禅学的主要兴趣的自性化过程的心理学。”（Jung，1934/1950/1981a，§602）

② 《易经》复卦彖辞有“复其见天地之心乎”。中孚如复，辟卦之始，应在“冬至”，如邵雍之《冬至吟》：“冬至子之半，天心无改移。一阳初起处，万物未生时。玄酒味方淡，大音声正希。此言如不信，更请问庖牺。”

致　谢

我衷心感谢“斐恩讲座”的组织者，十分荣幸以“核心心理学”来做主题报告。我要特别感谢戴维·罗森与约翰·比毕。他们分别所著的《荣格之道》（*The Tao of Jung*）与《德行深远》（*Integrity in Depth*），其中的汉字意象均触及心的意义。分析心理学在中国的发展由托马斯·科兹（Thomas Kirsch）和默瑞·斯丹（Murray Stein）正式开启，他们是我的良师益友，他们循循善诱，帮助我反思心的意象与意义。刘大钧、乐黛云、颜泽贤、吴怡、胡孚琛、陈兵、曹础基等诸位中国哲学家，于我亦师亦友，给予我启迪与支持，我时时感激于心。核心心理学的播种与生长过程中，皆有我妻子高岚的照顾与陪伴、期待与守望。我要表达对弗兰克·麦克米兰三世（Frank McMillan III）的谢意，为其友谊与鼓励。感谢迈克尔·埃斯卡米拉（Michael Escamilla），他在我休斯敦讲座期间提供了诸多帮助，并以其专业与热情帮我编辑书稿。感谢国家社会科学基金（16ASH009）和澳门基金会对有关研究的资助。演讲以及撰写《核心心理学》，着实为治愈与转化体验，是一种恩赐，对此我充满感激。

目　　录

Contents

第一章　缘起：核心、种与心

核心心理学之“核”（core），本来寓心其中；其基本意象和意义，尽在其中文表达。“核”包含“种子”与“心”的意象，亦如其相应的拉丁文“cor/cordis”，同样表达“心”（heart）、“心理”（mind）、“灵魂”（soul）、“精神”（spirit）。

核心之核，如心如种（其“木”冒地而生，东方之行；其“亥”二首六身，收藏万物）。孔子之“仁”也由此取象，形成其儒家学说的第一原理。核者怀其核，本身具仁，亦有心形，犹如心种；亦如甲骨文中“身心之仁”（）和“千心之仁”（）的原型意象。

1993 年，在美国南伊利诺伊爱德华兹维尔的森林里，核心心理学于“心斋”的梦中获得播种。梦中，始遇“头与心”的对话（申荷永，2011）。为此梦中播种，我准备了十年（1982—1993）；十年耕耘，求索于心的意象与意义。

播种后数年，种子萌发，体现为富布莱特学者讲座（Fulbright Scholar-in-Residence，1996）、爱诺思东西方文化圆桌会议的主题报告（Eranos，1997），以及第一届心理分析与中国文化国际论坛的召开（1998）。如今，我们已举办第八届心理分析与中国文化国际论坛（2018）。核心心理学，与荣格心理分析在中国，相辅相成，近于同步发展。

第一节　梦中播种：心斋体验

1993 年，我第一次来到美国，作为访问学者，在南伊利诺伊大学爱德华兹维尔分校进行“团体动力学”（group dynamics）研究，主题是“团体内聚力”（group coherence）。

我在 1989 年获得博士学位，博士论文的主题是勒温的“心理场论”与格式塔心理学[①]，于是熟悉玛丽亚姆·勒温（Mariam Lewin，库尔特·勒温的女儿，心理学教授）、阿尔文·赞德（Alvin Zander）、埃利奥特·阿伦森（Elliot Aronson）、伯特拉姆·瑞文（Bertram Raven）等实验社会心理学家。那时，我也是场论促进会（SAFT）的常务理事，以及美国社会问题心理学研究会（SPSSI）的国际会员。当时，南伊利诺伊大学爱德华兹维尔分校心理学系主任罗伯特·恩博森（Robert Engebretson）安排我的访问，并从美国心理学会（APA）获得基金资助。

罗伯特·恩博森及其夫人访问中国时，在南京高觉敷教授家中（1986）

与玛丽亚姆·勒温和格尔达·莱德勒（Gerda Lederer）在莱德勒美国纽约的家中（1996）

① 博士论文题目为《动力与整合：勒温心理场论研究》（1989，高觉敷教授指导），后以《心理场论》为题由中国和平出版社出版（1996）。

刚到爱德华兹维尔的几个月，我每天骑着自行车，经由高速公路，用45分钟左右时间去到学校。有那么一天，一位中年女士，将我拦在了路边。她是看到有人在高速公路上骑自行车而惊吓到了。我们有一番对话，当她了解到我只能骑车去学校，对我说，那你跟我来吧。

在美国南伊利诺伊爱德华兹维尔
(1993)

她开车不快，我尽力跟上，大概30分钟过后，她将我带到村子的另一边。她停车下来，让我看路边的一个标记："自行车道"（Bike Way）。她告诉我说："这是你的路。"然后便转身离去，留下一个背影，犹如梦中。

看上去这森林是没有路的，只是树林草丛中隐约显出一些被踏过的痕迹而已。我略微犹豫，放慢速度，独自骑车进入一片未知的森林。

穿过一片较为开阔的灌木和草地，便被引入逐渐茂密的森林之中。正值秋日时节，层林尽染，姿色万千，伴随着秋虫的鸣响和鸟儿的放声，处处散发着浓郁的自然气息……恍惚之间已然沉浸其中，流连忘返，美不胜收。

由那位中年女士的引领，我发现了这片森林，这或是命中注定的自然安顿。接下来的几个月，我就在这森林里，很少再去学校。我归还了开始所借的三十几本书，只是留有一本在身边：《金花的秘密》。我之所以留下这本书，并非由于作者（荣格与卫礼贤合著），而是其副标题"中国生命之书"（A Chinese Book of Life），触动了我内在的感觉。

想起来蛮有意思，当我抵达南伊利诺伊大学爱德华兹维尔分校的第一个周末，学校组织了一个欢迎会。有记者采访我，她开始的时候问道："这是你第一次来到美国吗？那么，你能说一下，你对美国的最初印象吗？你的感觉如何？"我没怎么想，几乎是脱口而出："来到美国的最初印象是，感觉到我是一个中国人。"

在南伊利诺伊大学爱德华兹维尔分校欢迎会上，与心理学系同事（1993）

在南伊利诺伊大学招待会上，与伊娃·弗格森（Eva Dreikurs Ferguson）（1993）

我还记得那记者听到我回答后一脸茫然的样子。或许她认为这根本就是答非所问。但是，这脱口而出的回答，的确是我第一次到达美国之后的最初印象，也是最深刻和最真实的感受。在国内时，很少会感觉自己是“中国人”，来到美国的初始印象，促发了一种寻求内在认同的冲动，以及作为“中国人”的意义与反思。于是，我对探寻中国文化充满向往，有一种内在渴望，努力理解作为中国人的意义。

或许，我的美国初始印象，是一面能够反映我内在认同的镜子。我意识到了 12 个小时的时差，更意识到了白天与夜晚、光明与黑暗、阴与阳，相反相成（enantiodromia）……若未曾跨越太平洋，很难有对此自然造化的切身感受。

我在这森林中数月，进行自我分析，相伴于荣格与卫礼贤合著的《金花的秘密：中国生命之书》。我梳理从 1982 年便记录下来的梦，反思 10 年来所学的心理学，并感悟 30 年的人生经历。同时，我也记录与分析新的梦，并以“秋天的绝唱”为主题来记录所感受的生命与自然。

我记得曾在日记中（1993 年 11 月 22 日）这样写道：“经过自我分析与研读《金花的秘密》，我不知是否已发现或获得‘金花’，但确实已触及其中的秘密，找到了一把钥匙。这秘密是荣格心理学与中国文化的关系；而钥匙的象征与寓意，便是用中国文化的智慧，可以打开荣格心理分析的大门；同时，荣格心理分析也犹如一把钥匙，可以开启中国文化的心理学宝藏。”

经历森林中的沉思之后，我需要前往台湾，参加首届海峡两岸心理与教育测验学术研讨会。在搭乘火车从圣路易斯到洛杉矶的第一个夜晚（1993 年 12 月 3 日），我做了这样一个梦，这是凌晨时分的梦。

梦中的我面前有一张桌子，我坐在那里，不经意地伸展手臂和身体时，双手抱住了自己的头。

恍惚之间，似乎觉得把头摇晃得松动了一些……接着，我尝试着从不同的角度去扭动这头，实际上是头上戴的一个面具，用力将其松动了许多，似乎是可以取下来了，但感觉还有一个地方仍然粘连着。最后，我稍微用力，终于把这面具从头上全部取了下来，将其放在我面前的桌子上端详。在那粘连的地方，在我头的右上角，还带着一些血迹。

过了一会儿，那面具不见了。我用手去摸自己的头，面具也不在上面。

但此时，当我把手放在头上抚摸的时候，感觉我的头仍然可以转动。于是，我又重复尝试着从不同的角度去扭松我的头。最后把头也取了下来，放在面前的桌子上，仔细地端详着。

显然，这是我的头，我能清楚地看到它，包括我所熟悉的面孔。

然后，似乎是想证实一下或怎样，我把放在桌上的头放回到脖子上，很细心地用手摸着脖子与头的接触缝隙，感觉还好……

于是，我又把头从脖子上取下，再度放到桌子上，再度端详它，进入一种特殊的深思之中……

不知何故我要暂时离开一下。这时，我对站在我身后的一位中年妇女说：“帮我照看一下，这是我的头，我一会儿就回来。”

醒来之后，我立即将梦记了下来。火车仍然在翻山越岭，伴随着有节奏的摇晃和震动；窗外尽是夜色，偶尔闪过远处的灯光；竟然也有一轮明月相伴而行，星星布满天空……

我默默地面对我的梦，许久都仍然沉浸在这梦境中；梦所聚集的气氛依然鲜明，甚至让我蓦然回首，看一下身后帮我照看头的那位中年妇女，依稀见到她那会心的笑容。

梦中有一些特别要点。就我梦中的感受来说，取下那铁似的面具触目惊心。面具可以挪动，有一个地方仍然粘连，撕裂后带出血迹，十分生动而切入心肺。

这让我想起在“文革”（1966）时我头上所受的伤，那时我6岁左右。一些“红卫兵”强行占据我父亲的办公室（中共菏泽地委），撞击我的头部留下了一道真实的伤口。我还记得妈妈背起我奔去医院的情景，头上缝针，留下伤疤。而这伤疤正是梦中面具与头粘连的地方，仍然在流血。

差不多30年之前的创伤事件，已很少出现在我意识的记忆中；但我的梦，或梦中的我，仍然如此生动地记着它，正如梦中留下的血迹，仍然记着这本来不该忘却的伤痕。

我将此梦带给我的分析师和我的朋友们，比如马里奥·亚考毕①、约瑟夫·亨德森②、玛丽·斯宾塞③、詹姆斯·希尔曼（James Hillman）、托马斯·科兹（Thomas Kirsch）、默瑞·斯丹（Murray Stein）、路易斯·乌科西尼克（Louis Vuksinick）、罗伯特·博斯纳克（Robert Bosnak）和约翰·比毕（John Beebe）等。最后我意识到，在梦中，我已体验了庄子所

---

① 马里奥·亚考毕（Mario Jacoby，1925—2011），资深荣格心理分析师，专业音乐师，长期在瑞士苏黎世荣格学院执教及私人开业。其主要著作有：《荣格心理治疗与当代婴幼儿研究》《自性化与自恋主义：荣格与科胡特的自性与自体心理学》《羞愧与自尊的缘起：荣格取向的研究》《渴望伊甸园：原型的心理观》《相遇心理分析：移情与人际关系》。

② 约瑟夫·亨德森（Joseph Henderson，1903—2007），资深荣格心理分析师，美国旧金山荣格学院主要创办人之一。亨德森1929年开始与荣格进行心理分析体验，1960年与荣格合著《人及其象征》，撰写其中第二章“古代神话与现代人”，1962年提出“文化无意识”（cultural unconscious）概念，由此延伸出“文化情结”（cultural complex）等研究。其代表作有：《蛇的智慧》《初始之门》《心理观的文化态度》《阴影与自性》《心灵的转化》。亨德森的夫人海伦娜·康福德（Helena Cornford）是达尔文的重孙女，也有诸多传奇。

③ 玛丽·斯宾塞（Mary Jo Spencer，1914—2015），资深荣格心理分析师，长期在美国旧金山执业，她70岁开始学中文，10年后80岁时已能用中文阅读道家文献。如同荣格，玛丽·斯宾塞对中国文化有着无限情怀。

描述的“心斋”。人们通常是用头上的眼睛来看的，然而在梦中，我能看到自己的头在桌子上：不是用眼睛去看，而是用心去看。

与心理分析师马里奥·亚考毕

与心理分析师玛丽·斯宾塞

与约瑟夫·亨德森

在《人间世》中，庄子借用孔子与颜回的对话，讲述了有关“心斋”的故事。颜回准备去卫国劝导其国君，孔子告诫说：“古之至人，先存诸己而后存诸人。”然后说：“斋，吾将语若！有而为之，其易邪？易之者，皞天不宜。”

颜回曰：“回之家贫，惟不饮酒不茹荤者数月矣。若此，则可以为斋乎？”

孔子曰：“是祭祀之斋，非心斋也。”

颜回接着说：“敢问心斋。”

孔子曰：“若一志，无听之以耳而听之以心，无听之以心而听之以气。

听止于耳，心止于符。气也者，虚而待物者也。惟道集虚。虚者，心斋也。”

颜回曰：“回之未始得使，实自回也；得使之也，未始有回也。可谓虚乎？”

在南伊利诺伊森林中数月的沉思与自我分析，犹如斋戒的过程。然后始获得头与心对话的梦，梦中的心斋体验，播下核心心理学的种子。

在《齐物论》中，庄子开篇这样描述道：“南郭子綦隐几而坐，仰天而嘘，嗒焉似丧其耦。”颜成子游立侍乎前，好奇而问。子綦曰：“偃，不亦善乎而问之也？今者吾丧我，汝知之乎？女闻人籁而未闻地籁，女闻地籁而未闻天籁夫！”

荣格在著述中曾使用右边这幅被译为“聚光”（gathering the light）的“坐禅图”，其出自《性命圭旨》第 42 图。图中有这样的题词：“帝尧之安安，文王之雍雍；孔子之申申，庄周之止止。”并附有诗文：

坐久忘所知，忽觉月在地。

泠泠天风来，蓦然到肝肺。

俯视一泓水，澄湛无物蔽。

中有纤鳞游，默然自相契。

坐禅图（聚光）

心的觉醒，犹如心斋，始能感受天籁之音。庄子所描述的“吾丧我”，对于荣格有着深刻启发。用荣格心理学的术语来说，当自我中心的意识改变时，自性才能涌现。在《共时性：一种非因果联系原则》中，荣格说：“在庄子[①]（大约是柏拉图的同代人）看来，道的心理前提是‘物我两忘，天人合一’。他说过‘道隐于小成’，或者‘夫道未始有封，言未始有常，为是而有畛也’。这似乎是对我们从科学的角度来看待世界的一种批评。”

① 荣格用的是卫礼贤翻译的《庄子》，下同。

“庄子还说：‘古之人，其知有所至矣。恶乎至？有以为未始有物者，至矣，尽矣，不可以加矣。其次以为有物矣，而未始有封也。其次以为有封焉，而未始有是非也。是非之彰也，道之所以亏也。道之所以亏，爱之所以成。’”接着，荣格进一步借用庄子“心斋”，来强调其中的无意识原型意义：“听止于耳，心智本来不能如此分离；唯有虚心始能吸收整个世界。这也正是道的体现。”“庄子这样说：‘无听之以耳而听之以心，无听之以心而听之以气。耳止于听，心止于符。’这明显指无意识的绝对知识，意指宏观事件在微观世界中存在。”（Jung，1952/1969d，§923）

荣格十分喜欢庄子。1950 年 6 月 26 日，荣格在写给中国哲学家张钟元①的信中说：“我是庄子哲学的忠实仰慕者。”“当然，你很清楚，道家所形成的心理学原理涵盖宇宙本质。事实上，由于其涵容广泛，可以应用于人类所有领域。”“说服人们对潜在的真理睁开眼睛，获得其真实的心理体验是很困难的。真理是唯一的，亘古不变。我必须要说的是，道家对这种唯一真理做了最完美的表达。”（Jung，1973d，p. 560）

张钟元在爱诺思做题为《道家的创造性过程》
（Creativity as Process in Taoism）的演讲（1956）

① 张钟元，耶鲁大学博士，在西方以道家和禅宗研究著称，与荣格、托马斯·科兹和多拉·卡尔夫（沙盘游戏治疗方法的创立者）等相熟。

很多年以前，在我还在攻读心理学硕士学位的时候，庄子曾入我梦中。

梦中的我在河岸上，准备过河；河面上有一位长者，缓缓撑船而来，我耐心等待。此时背后过来几个人，大声吆喝着要摆渡，粗言粗语，没有礼貌。我试着制止他们的无礼行为。他们嫌船开得太慢就离开了。当船接近的时候，我认出撑船的是庄子。顿时，我心中的尊敬油然而生，惊喜于竟然能够见到庄子。我对庄子说："您千万别生气，尽管那几个中国人不知道您不尊重您，但是在整个世界上，在整个人类的历史中，您都是最伟大的思想家……"

庄子微微一笑，示意让我上船。在船上，庄子用6个木块，默然演绎变化无穷的道理……

当我醒来的时候，我感觉庄子于梦中教我"齐物论"。蓦然之间，恍如庄周梦蝶的气氛，感悟齐物与物化的妙趣。这是我学习心理学时最重要的收获。

在美国南伊利诺伊的森林中（1993）

第二节　“心理学”与“学理心”

我对心理学的兴趣，由斯宾诺莎的《知性改进论》所引发，受到弗洛伊德《梦的解析》的影响。随后我开始写“梦的日记”（1982），并准备心理学研究生专业考试，最终成为高觉敷先生的研究生（硕博连读）。高觉敷先生是早期（20 世纪 20 年代）将弗洛伊德引入中国的主要学者。

在荷兰海牙斯宾诺莎雕像前（2002）

罗素在其《西方哲学史》中如此记录：“人们自发捐赠了这尊斯宾诺莎雕像，并刻上：‘或许，上帝启示吾人的奥秘，尽在于此。’”

高觉敷先生（1896—1993）

当我步入心理学之门时，有这样三个基本的问题困扰着我：

1. 心理学的本义究竟为何？
2. 我们为什么将西方的“psychology”翻译为“心理学”？
3. 心理学需要“心”吗（或者是灵魂与心灵），或只需要头和大脑？

第一个问题，将我引向德尔菲神庙的箴言“认识你自己”，以及“自性知识”（Self-knowledge）的意义。第二与第三个问题，开启了我寻求心之意义的漫长旅程，犹如默默之耕耘，为核心心理学做了准备。

汉字，尤其是“心”部汉字，以及中国文化与哲学中心的内涵，成为我探索心之意义的重要线索。

以下是汉字“心”的甲骨文、金文、篆体和楷体的四种形式：

在我看来，有这样三种水平，可以帮助我们来理解心的基本内涵及其意象与意义（申荷永，1991）。

1. 生理学或生物学的水平，如《黄帝内经·素问》所说：“心者，生之本，神之变也。”心主神明。
2. 就心理学的水平而言，心为种，智之舍，“总包万虑谓之心”。
3. 第三种水平，如《易经》所示，寓意天地之心以及道心，如《易经》复卦彖辞所言：“复其见天地之心乎？”

在《康熙字典》中，心部汉字逾千，绝对不可思议，说明中国古人对心具有特殊热情与愿景。尽管其中大部分心部汉字已不再使用，我们也几乎失去了许多心的意象与意义，但是我们仍然可以如此想象：中国古人对心与心灵是如此敏感与敏锐，其中已孕育一种特殊的心理学。

举例来说，汉字中的“思想”“情感”与“意志”，皆由心的意义为核心组成。

（thought & imagination）

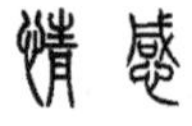（emotion & affection）

（will & ambition）

我们知道，思想、情感和意志，也即“知、情、意”，实为心理学体系中最重要的概念组成。在汉字中，它们皆属“心”部，以核心立论。如《说文解字》所言：“人心，土藏，在身之中。象形。博士说以为火藏。凡心之属皆从心。”

我们可以发现，以下汉字皆与当代心理学有关，皆属心部汉字，寓心而成。

于是，心的意象与意义，成为理解中国文化核心的重要线索。我们可以继续欣赏这样三个汉字：聪、慧、悟。

（bright & intelligent）

（brightness & wisdom）

（wisdom & enlightenment）

可以发现，它们皆由心组成，寓意美妙。凡聪、慧与悟，皆寓于心。

从1982至1993年，于我而言，可称为“十年耕耘”。由于深深感悟于汉字中所包含的特殊心理学体系，一种得天独厚的文化智慧，成为我早期研究核心心理学的主要线索。

“十六字心经”

据传说，尧、舜、禹三位君王，禅让社稷，代代相传“十六字心经”：“人心惟危，道心惟微；惟精惟一，允执厥中。”

这“十六字心经”被记录在《尚书·大禹谟》中。《尚书》属于中国文化经典“五经”之一。尽管有人对于《尚书》成文时代有所质疑，但最近发现的“清华简”①，对于“十六字心经”的缘起与传承给予了有力的

① “清华简”是清华大学2008年收藏的一批战国竹简，约有2 500枚，分八辑出版。

支持。

这“十六字心经”以“人心惟危”开始，引出“道心惟微”，表达了“惟精惟一，允执厥中”的道理，这也正是荣格所实践的临床方法的精髓：执其两端而用其中，获其超越性功能，实现积极想象（active imagination）——道心惟微，在道中体现自性。

这“十六字心经”本为中国儒家心学的缘起。比如，《大学》的“正心诚意”，以及《中庸》的“喜怒哀乐之未发，谓之中；发而皆中节，谓之和；中也者，天下之大本也；和也者，天下之达道也”。实际上，孔子与孟子，甚至周文王与周公（皆与《易经》成书有关），其思想与品行皆传达了“十六字心经”的意义。

在这“十年耕耘”期间，我潜心研究“心”部汉字，以及中国文化与哲学中的心的意象与意义，有了后来发表的诸多相关的研究论文与专著（例如，申荷永，1991，1997－03－01，2000－07－25，2001，2004；申荷永，高岚，1999，2000；高岚，申荷永，1998）；以心理学史研究获得博士学位之后（1989），我开启了“中国心理学的形成”（The Making of Chinese Psychology）研究课题，持续采访了23位资深华人心理学家与哲学家，探索中国文化心理学的传统，以及中国文化与当代心理学的联系与意义。①

采访高觉敷教授（1989）

采访广州师范学院心理学家吴江霖教授（1989）

① 从1989年开始，我先后采访了高觉敷、陈立、左任侠、周先庚等，以及杨国枢、黄坚厚、吴武典、吴静吉、张春兴等数十位华人资深心理学家。

采访北京大学心理学家
陈仲庚教授（1989）

采访辅仁大学张春兴教授（1998）

我对所采访的每一位资深心理学家和哲学家提问，为什么我们将西方的“psychology”翻译为汉语的“心理学”。大部分被采访者告诉我，这是某种“误解”所导致的。在他们看来，古代中国人以为心理与心有关，但按照当代心理学的理论来说，大脑才是心理的中心。那个时候的中国心理学家，包括那些资深的心理学家，大都受巴甫洛夫有关大脑神经暂时联系学说的影响。

当然我并不同意他们的观点与解释。在当时的采访日记中，我这样写道：“我并不相信心理或‘心理学’仅仅是大脑神经活动，当然也不认为是心脏作为器官的反应。心理学，就其作为心灵的本义而言，必然超越大脑与心脏，具有第三种水平的意义，一种超越与转化的意义。心的象征意义，比如中国文化与哲学中的心的意象，将是探寻其答案的线索。”完成“中国心理学的形成”研究课题之后，我获得这样的认识与理解：我们不能因为引入西方的“心理”（mind），便丢弃自己的本心（heart）；唯有“脑”与“心”的整合，始能创造一种真正的心理学——一种拥有文化智慧的核心心理学。

我曾用汉字“思”（思）的意象与意义，来做进一步的反思。“思”字由两部分组成，上面是脑的符号与象征，下面则是心。这也正是汉字的奇妙之处。创造汉字的中国人，将脑与心整合为思，已然理解大脑与心各自相应的作用。尤为重要的是，汉字提示，思既需要脑也需要心。如同许多汉字中所包含的哲理，如果我们将相对双方放在一起，第三种水平的功能便会涌现，也即荣格所描述的“超越性功能”①。

思想者（罗丹）

大家都知道罗丹的《思想者》，那么，或许我也可替罗丹先生问一下：这思想者是用什么来思想的呢？

罗丹称其作品为“我的思想者”，在完成这雕塑之后，他在其底座上，刻了这样一段文字，用一种特殊的方式自问自答：“我的思想者，是用什么来思想的呢？我的思想者，不是用他突出的前额来思想的，不是用他的嘴巴，也不是用他顶住嘴巴的拳头……我的思想者，是用他的全身来思想的，用他全身的每一块肌肉来思想的……”很多年前，当我站在这雕像前，看到罗丹留下的话语时，我对话语中包含的教诲充满感激。我想，罗丹先生或许也会同意，其中同样包含对核心心理学的启示，如荣格与山湖的对话，这“思想者”也是用“心”来思想的。

在弗洛伊德时代，压抑，比如对性冲动的压抑，以及由此导致的意识与无意识的冲突，造成主要的身心症状。然而，就今天而言，在我看来，头与心的分裂则是问题的症结所在。我们几乎失去了心的意义，即使是当代的心理学与心理治疗，也早已忘记初心。于是，重新发现失去的心的意义，对于治疗和治愈是如此重要。

有这样一个古老的故事：一位年轻的学生来到深山，向大师求学，继而伴随大师10年，按照要求终日以沉默作为修行。10年后的一天，大师开口说话，问他：“你想要什么？”学生说：“想要智慧。”此时，大师说：“如果你能区分内容与容器，那么，你将获得所有的智慧。”据说，那一

① 荣格1916年曾写有一篇论文论述“超越性功能”（transcendental function），其中梳理了他面对无意识的方法与态度，包括后来被称为“积极想象”的技术。其中的思想与奥秘，犹如“十六字心经”所体现的，执其两端而用其中。

刻，这学生觉悟了。若是重新观照汉字“思”的意象和意义。我们可以说，上面的脑是“内容”，而下面的心是“容器”。

汉字“思”的意象，成为第一届心理分析与中国文化国际论坛（当时称为第一届分析心理学与中国文化国际研讨会，1998）的标志。大会主题为“灵性：分析与体验”。

第一届心理分析与中国文化国际论坛（1998）：“灵性：分析与体验”

第三节 萌芽：核心心理学与心理分析

经过10年的学习与研究，只问耕耘默默准备，最终始有机会获得“头与心”之梦，并在南伊利诺伊爱德华兹维尔的森林里播下种子(1993)。然而，将“核心心理学”说出来，犹如种子萌芽，仍然需要等待，等待另一次机遇。

1996年，我获得“富布莱特学者讲座”[①] 奖励，再度来到美国，做有关中国文化心理学的系列讲座。

① 富布莱特学者讲座（Fulbright Scholar-in-Residence/S-I-R），是富布莱特基金会帮助美国高等教育机构扩展学术交流计划，支持非美国籍国际学者在美国高校开展的讲座。

最初的讲座是在内布拉斯加大学奥马哈分校举行的。约翰·牛顿(John Newton)主持我的第一场讲座，他是内布拉斯加大学奥马哈分校艺术与科学学院的院长，他介绍了我的背景以及讲座的主题：中国文化心理学。

但就在我开始之前，有人站起来大声质问："你们中国有心理学吗？大家都知道心理学源自德国的冯特，这就是我们今天的心理学。你要讲的中国文化心理学，与我们的心理学有什么不同吗？"

我知道这是挑战性的提问，但在那一刻，我也能冷静回应："至于中国文化是否有心理学，或者中国文化心理学与你们的心理学是否有所不同，这正是我要在此讲座中所要讨论的。但若是此刻便要回答，那么，我可以说，由冯特所创立的西方心理学，包括当代的认知心理学，可以被称为一种'大脑或头的心理学'；在中国文化中，有一种与心相关的本源心理学，我们可以称之为'核心心理学'。这是两者的不同。"

接着，从这不期而遇的问题开始，我做了富布莱特"中国文化心理学"系列讲座的第一讲。我记得当时曾这样说："感谢刚才那位教授的提问，严肃而富有启发：你们中国文化中有心理学吗？大家也听到我的回应：当然有。我们中国文化心理学以心为本。这种以心为本的心理学需要我们用心来理解。正如帕斯卡尔所言：'心有心的理智，理智对此一无所知。'我们不仅由理智获得知识或真理，更为重要的，如帕斯卡尔的反思，还要通过心。"讲座结束之后，那位提问的教授过来找我，请我一起吃晚餐。他说他很喜欢我的讲座，但仍然有一些问题需要进一步的讨论。

我们一起吃了晚饭，然后，他成了我在奥马哈这两年的房东。他的名字叫戈登·拜克（Gordon Becker），早年毕业于耶鲁大学并获临床心理学博士学位，曾教授东方心理学多年。从那以后，我们成为非常好的朋友。

在内布拉斯加大学奥马哈分校（1996）

与戈登·拜克（1996）

对于首次说出“核心心理学”之名，我有这样的反思：1993 年在梦中的播种，如今萌芽破土而出。播种犹如怀孕，因缘和合，诞生新的生命。

1993 年，当西行的火车从圣路易斯抵达洛杉矶的时候，刘耀中（Edward Low）先生在火车站接我。他是荣格分析心理学的热衷者，熟悉托马斯·科兹，当时国际分析心理学会（IAAP）的主席。我们访问了洛杉矶荣格学院，结识了托马斯·科兹和默瑞·斯丹（IAAP 名誉秘书长）。然后我去中国台湾，加入大陆心理学家代表团，参加首届海峡两岸心理与教育测验研讨会。

在加州大学洛杉矶分校（UCLA）做“中国文化心理学”
系列讲座期间，与 UCLA 心理学教授凯利
（Harold Kelly，左）和瑞文（Bertram Raven，右）

与刘耀中，在加州理工学院（1993）

在洛杉矶荣格学院（1993）

在美国超个人心理学院（ITP）做“中国文化心理学”系列讲座

参加首届海峡两岸心理与教育测验研讨会期间，与杨国枢、龚耀先等（1993）

台湾的一家出版社（心理出版社），邀请我撰写一部中国心理学史。于是我便着手准备，用三年时间研读了诸多有关著作与文献，犹如对已播下的种子或所孕育之胎儿的滋养，同时也为后来的富布莱特学者讲座做了自然而然的准备。

1993 年，默瑞·斯丹联系我，探讨与托马斯·科兹代表国际分析心理学会访问中国的可行性。在刘耀中与其朋友的协助下，时任华南师范大学校长颜泽贤教授和我（我当时是华南师范大学心理学系的行政负责人）一起，邀请托马斯·科兹及其夫人珍·科兹、默瑞·斯丹及其夫人简·斯丹访问中国（默瑞·斯丹的女儿莎拉同行）。他们的访问（1994）便是在中国播下分析心理学发展的种子。正如默瑞·斯丹（1995）在其给国际分析心理学会的报告①中所写的那样：“1994 年 8 月 11 日，国际分析心理学会

① 后由心理分析研究生刘明琳翻译，以《荣格心理学与中国：国际分析心理学会主席等访问中国华南师范大学》为题刊登于《华南师范大学学报》（社会科学版）1995 年第 4 期。

主席托马斯·科兹及其夫人珍·科兹，我的夫人简·斯丹、我11岁的女儿莎拉和我，从香港搭乘火车来到广州。我们受华南师范大学校长颜泽贤和华南师范大学心理学系主任申荷永博士的正式邀请前来访问……我们代表国际分析心理学会来到中国，十分好奇我们会在这深远古老，如今又再度对西方开放的文明中发现什么。我们也很清楚，如果荣格心理学与我们将要接触的中国学者之间的合作进展顺利的话，这将具有十分重要的历史意义。”“我们的主要联系人申荷永博士，曾大量地阅读有关荣格的英文书籍，并在其任教的大学课程中，早已开始广泛介绍荣格的心理学理论……在由他主持的研讨会上，托马斯·科兹宣读了其《荣格与‘道’》的论文。他追溯中国道家思想对荣格的影响，阐释了分析心理学理论与中国道家哲学思想之间的相同之处。当他在演讲中提到，荣格曾声明卫礼贤，这个把他引入中国文化和中国思想的人，对他的影响远比弗洛伊德更为深远时，参加座谈的人们（包括我自己），都感到十分惊奇。他还提到，正是由于卫礼贤，荣格才系统地了解到中国的文化、中国的炼丹术，以及中国的《易经》。所有这些，都在荣格自己关于心灵本质的思考中，有着极为重要的意义。”

国际分析心理学会代表访问中国（1994）

照片1（左）：左起依次为申荷永、托马斯·科兹、默瑞·斯丹、珍·科兹、简·斯丹、莎拉。照片2（右）：左起依次为许尚侠（广东心理学会会长）、托马斯·科兹、颜泽贤（华南师范大学校长）、默瑞·斯丹、申荷永。

在这之后，我们受托马斯·科兹与默瑞·斯丹邀请参加了在瑞士苏黎世召开的第十三届国际分析心理学大会（1995）；同时，我们也受鲁道夫·瑞策玛（Rudolf Ritsema）的邀请，访问了爱诺思东西方文化基金会。随后不久，我重回瑞士，参与爱诺思《易经》项目，成为爱诺思东西方文化圆桌会议的主讲人，做有关“核心心理学”的主题演讲（1997）。鲁道夫·瑞策玛与克里斯塔·罗宾逊（Christa Robinson）在写给第一届心理分析与中国文化国际论坛的信中说：“中文的‘闷’字带有忧郁和惆怅，‘心’被置于门内。我们愿意从中读出这样一种意义：忧郁和惆怅也是通往心灵的途径；更愿意我们的忧郁和惆怅与你们所致力的心意有所连接，借以转达我们对申荷永教授‘核心心理学’之卓越贡献的特别感谢。”（申荷永主编，2006，28－29页）在另一封信中，鲁道夫·瑞策玛与克里斯塔·罗宾逊写道：“我们对你在爱诺思的主题演讲记忆犹新，这对于所有促进人际交流都至关重要。若能做到心平气和，那么人与人之间便有真正的交流，这样的国际会议也将具有启发与转化，以及创新的形式。荣格心理学与中国文化宝藏之间的沟通与交流，一直在我们心上，你将此精神事业推动前行，使我们由衷欣慰。我们确信你的努力一定会成功，因为这将对加深不同文化之间的相互理解做出重要贡献。”（6－7页）我将在爱诺思东西方文化圆桌会议上的演讲，获得如此热情的接纳与鼓励，视为“核心心理学”的“受洗”仪式。

与鲁道夫·瑞策玛在爱诺思（1997）

与鲁道夫·瑞策玛和克里斯塔·罗宾逊在爱诺思（1995）

几年后，一份美国杂志重印我在爱诺思东西方文化圆桌会议上有关

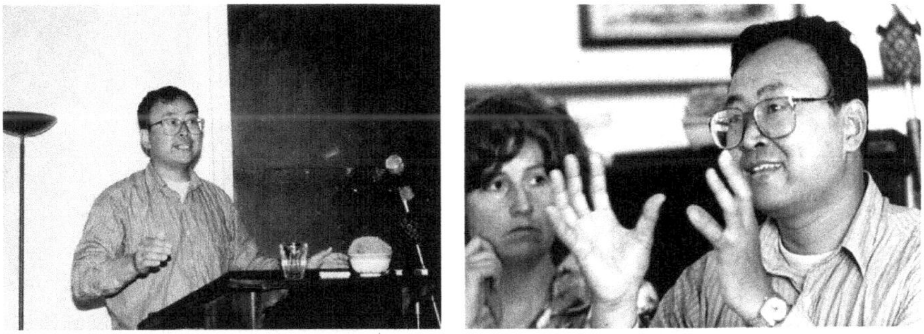

在爱诺思东西方文化圆桌会议上做主题演讲：“核心心理学”（1997）

“核心心理学”的演讲，加了这样的按语：“中文用‘心理学’翻译了西方的‘psychology’。一位中国学者要为心理学找回心的意义。”

1997年，默瑞·斯丹邀请我与戴维·罗森，在芝加哥荣格学院做有关“荣格与中国”的对话研讨。我们三人与数十位参与者一起，讨论了核心心理学的意义，中国文化与荣格心理分析的关系，以及《易经》、儒家、道家和佛教及其哲学的深度心理学意义。

鲁伊基·肇嘉（IAAP主席）

随后不久，默瑞·斯丹与我策划组织了第一届心理分析与中国文化国际论坛（1998）。约翰·比毕、戴维·罗森和斯坦顿·马朗（Stanton Marlan）做主题报告，大会主题为“灵性：分析与体验”。在耕耘与播种之后，这次大会，便成为核心心理学种子的发芽。鲁伊基·肇嘉（Luigi Zoja），时任国际分析心理学会主席，在大会致辞中说：“能够对具有历史意义的第一届心理分析与中国文化国际论坛表达我的祝愿，我感到非常荣幸和愉快。荣格分析心理学早已与中国和中国文化结下了深厚的渊源。我相信，荣格本人若得知我们正在举行的会议，也一定会感到由衷的欣慰。”（申荷永主编，2006，4－5页）

与默瑞·斯丹

第一届心理分析与中国文化国际论坛召开期间，与（左起）戴维·罗森、范登戴尔（Leland van den Daele）、斯坦顿·马朗（1998）

从那以后，1998—2018 整整 20 年，我们成功举办了 8 届心理分析与中国文化国际论坛。每次大会的主题，均具有现实与象征的意义："灵性：意象与感应"（第二届）；"灵性：伦理与智慧"（第三届）；"心理分析中的意象：积极想象在文化与心理治疗中的转化作用"（第四届）；"梦，心灵的象征，自然与文化"（第五届）；"卫礼贤与《易经》，荣格与《红书》，梦与积极想象"（第六届）；"原型、文化与治愈：面对集体创伤"（第七届）；"觉悟与自性化：东方与西方"（第八届）。在第八届心理分析与中国文化国际论坛召开期间（2018），有记者问荣格心理学在中国的发展。我轻松愉快、充满欣慰地回应说：20 年前，第一届心理分析与中国文化国际论坛，大概有 100 人参加；第二届有 200 人；第三届有 300 人……那么现在是第八届，参加者超过 800 人。同时，前后八届大会的主题，也能反映出荣格心理学在中国的发展，尤其是这第八届的"觉悟与自性化：东方与西方"。

在此期间，2007 年，我受邀做第二次爱诺思东西方文化圆桌会议主题演讲，仍然以"核心心理学"为主题，采用核心心理学的东方视野，对世界"现代化"进程进行反思。① 我也在国际分析心理学会（IAAP）和国际

① 1997 与 2007 两次爱诺思主题演讲都以"核心心理学"作为主题，也是对爱诺思精神的回应："变与不变，不变之变"（ever the same，yet changing ever）。

第四届心理分析与中国文化国际论坛的主要组织者（复旦大学，2009）

左起：汤姆·凯利（Tom Kelly，IAAP 副主席）、申荷永、赫斯特·所罗门（Hester Solomon，IAAP 主席）、乔·凯布雷（Joe Cambray，IAAP 获选主席）、保罗·库格勒（Paul Kugler，IAAP 秘书长）。

第八届心理分析与中国文化国际论坛与会者合影（长安大学，2018）

沙盘游戏治疗学会（ISST）国际大会上做了诸多主题报告，如《道心惟微：〈易经〉与荣格心理分析，方法与意义》（IAAP，日本京都，2016）、《文化仪式与心理分析》（IAAP，加拿大蒙特利尔，2010）、《沙盘游戏与中国文化》（ISST，美国西雅图，2003）、《心灵花园：沙盘游戏中的美丽》（ISST，日本京都，2009）、《东方智慧中的太极，及其对当代沙盘游戏治疗的意义》（ISST，加拿大渥太华，2015）、《创造与超越：沙盘游戏中水的意象与意义》（美国夏威夷，2017）。此外，我还在 IAAP 心理分析与社会实践大会上做了《面具背后的中国》（英国伦敦，2014）、《失去的女性与中国女性发展》（意大利罗马，2015）、《心灵花园：治愈与转化》（捷克布拉格，2017）等主题报告。

爱诺思东西方文化圆桌会议主题演讲现场（2007）

爱诺思东西方文化圆桌会议现场（2007）

在 IAAP 首届心理分析与社会实践大会上做主题演讲（英国伦敦，2014）

在第二十届国际分析心理学大会上做主题演讲（日本京都，2016）

在第二十三届国际沙盘游戏治疗大会上做主题演讲（美国夏威夷，2017）

在第二十届国际沙盘游戏治疗大会上
做主题演讲（日本京都，2009）

在第十七届国际沙盘游戏治疗大会上
做主题演讲（美国西雅图，2003）

1998 年第一届心理分析与中国文化国际论坛之后，我们筹备了广州荣格小组，以及香港荣格小组。目前，我们已经有 6 个国际分析心理学会正式发展组织，分别位于广州、香港、台北、澳门、上海和北京，它们被正式命名为“IAAP 华人区域”（IAAP Chinese Region）。

在过去的30 年中，核心心理学以及荣格心理学在中国，均有引人注目的成就。2006 年，北京大学组织举办了首届“中国荣格学术周”。随后，复旦大学举办了第二届和第三届“中国荣格学术周”（2008/2010），以及与 IAAP/ISST、国际意象体现学会（ISEI）和国际沙游工作协会（IASW）合作的“灵性接触：梦的工作”和“灵性接触：沙盘游戏”等系列国际研讨会。我们也完成了《荣格全集》（20 卷）以及 9 卷本的《荣格文集》的翻译，出版了诸多荣格学者的著作、“心理分析与中国文化丛书”，以及“心灵花园·沙盘游戏与艺术心理治疗丛书”。我们还成立了东方心理分析研究院，并在华南师范大学、复旦大学和澳门城市大学建立了三个“研究中心”与“研究院”，培养了数百位心理分析与中国文化方向的硕士和博士。

同时，我们的团队（洗心岛文化暨东方心理分析研究院）还持之以恒从事社会公益活动，以心理分析和沙盘游戏为主要方法，帮助孤儿的心理发展，以及为需要者提供心理援助，比如在汶川大地震（2008）和玉树

首届“中国荣格学术周”开幕式
（北京大学，2006）

左起第五位为瑞士驻中国大使馆公使顾艾良，右起第五位为北京大学副校长，右起第四位为瑞士驻中国大使馆文化参赞。

第二届“中国荣格学术周”开幕式
（复旦大学，2008）

右起第三位为瑞士驻上海领事馆总领事范维廉（William Frei），左起第二位为国际意象体现学会主席博斯纳克。

“灵性接触：梦的工作”研讨会与会者现场合影（2003）

左起第四位为国际梦境研究会主席博斯纳克。

大地震（2010）中的心理救援。人们将此公益项目称为“心灵花园”。到目前为止，“心灵花园”项目已历时 10 余年，在中国建有 80 余所工作站。

从以上可以看出，核心心理学的萌芽与成长，与荣格分析心理学在中国的发展几乎同步，相辅相成。这也是我将此“斐恩讲座”，取名为“核心心理学与荣格心理分析之心”（Psychology of the Heart, and the Heart of Jungian Psychology）的缘故。

“灵性接触：沙盘游戏”研讨会与会者现场合影（2004）

前排左起：高岚、伊娃·帕蒂斯（Eva Pattis）、肯·考宁汉（Ken Conningham）、乔伊丝·考宁汉（Joyce Conningham，《沙盘游戏治疗杂志》［*Journal of Sandplay Therapy*］主编）、茹思·安曼（Ruth Ammann，国际沙盘游戏治疗学会主席）、申荷永、张敏。

“灵性接触：沙盘游戏”研讨会与会者现场合影（2003）

右起第六位为瑞·米切尔（Rie Mitchell，国际沙盘游戏治疗学会主席），右起第五位为哈里特·弗里德曼（Harriet Friedman，美国沙盘游戏治疗学会创办主席）。

第一届心理分析与中国文化国际论坛开幕式（1998）

左起：申荷永、范登戴尔、戴维·罗森、约翰·比毕、王国健（华南师范大学校长）、许尚侠（广东心理学会会长）。

第二届心理分析与中国文化国际论坛（研讨会）开幕式（2002）

左起：乔·凯布雷、鲁伊基·肇嘉、颜泽贤、默瑞·斯丹、王国健、许曼菲、申荷永。

第三届心理分析与中国文化国际论坛与会者合影（2006）

第四届心理分析与中国文化国际论坛与会者合影（2009）

第五届心理分析与中国文化国际论坛开幕式（2012）

左起：王浩威（台湾心理治疗学会主席）、保罗·库格勒、格尔蒂娜·施瓦克（Gertina Schalkwyk，澳门大学心理学系主任）、汤姆·凯利、郑成业（澳门卫生局副局长）、马许愿（澳门大学副校长）、唐志坚（澳门科学技术发展基金行政委员会主席）、乔·凯布雷、唐向贤（澳门旅游局商务旅游及活动处处长）、亚历克斯·艾斯特怀森（Alex Esterhuyzen，国际沙盘游戏治疗学会主席）、瑞·米切尔、申荷永。

第六届心理分析与中国文化国际论坛开幕式（2013）

左起：王浩威、安吉拉·康诺利（Angela Connolly，IAAP 副主席）、约翰·比毕、托马斯·科兹、申荷永、默瑞·斯丹、贝蒂娜·威廉（Bettina Wilhelm，卫礼贤孙女）、保罗·库格勒、郑洪恩、苏晓波。

第七届心理分析与中国文化国际论坛开幕式（2015）

左起：托马斯·科兹、汤姆·凯利、玛丽安·穆勒（Marianne Müller）、彭树成、李南、张曙光、郭建斌、黎振强、颜泽贤、亚历克斯·艾斯特怀森、默瑞·斯丹、乔·凯布雷、申荷永。

第八届心理分析与中国文化国际论坛开幕式（2018）

左起：申荷永、乔·凯布雷、约翰·比毕、山中康裕（日本箱庭疗法学会主席）、彪晓红、汤姆·凯利、吴怡、颜泽贤、玛丽安·穆勒、陈峰、李智军、默瑞·斯丹、刘大钧、亚历克斯·艾斯特怀森、斯蒂芬·艾森斯塔特（Stephen Aizenstat）、黄立新、王浩威等。

第八届心理分析与中国文化国际论坛开幕式："呼唤与否，神灵永在：托马斯·科兹在中国"（申荷永、乔·凯布雷主持，2018）

第二章　心法：核心智慧

核心心理学与“核心智慧”（wisdom from the heart）密切相关，皆源自心灵，由中国文化滋养，皆为文化原型意象与文化生命的体现。

心的意象与意义，不仅是心理学的核心，而且也是中国文化与中国哲学的核心，比如《易经》、儒家、道家和中国佛教禅宗，以及“六艺”与“中医”的心要法则。核心智慧便由此涌现，为深度心理学提供了基本原理与方法。

第一节　感应：《易经》之心

在中国文化传统中，《易》（《易经》）属于众经之首、大道之源。比如，《汉书·艺文志》所记录的“六艺之文”：“《乐》以和神，仁之表也；《诗》以正言，义之用也；《礼》以明体，明者著见，故无训也；《书》以广听，知之术也；《春秋》以断事，信之符也。五者，盖五常之道，相须而备，而《易》为之原。故曰‘《易》不可见，则乾坤或几乎息矣’，言与天地为终始也。”可见，《易经》属于最重要的经典。《易》之本身，犹如文化之心，包含心灵的智慧。

在卫礼贤与贝恩斯所译英文版《易经》（1967）的封底，我们可以读到这样的文字：“《易经》，或《变化之书》，象征着人类心性置身宇宙的最初努力之一。”“其核心主题，为初始元气立象，演绎万物的持续变化与转化。”

出版者也特别将荣格的序言的最后一段话放在这里："作为一部伟大而独特的著作，《易经》本身不提供证明与结果，它也不吹嘘自己。当然，要接近它也绝非易事。它如同大自然的一部分，仍有待发掘。它既不提供事实，也不提供力量，但对喜好自性知识以及智慧的人士来说，也许是本很好的典籍。"接着，是《时代周刊》的评论："若不读《易经》，便不可能理解远东文化。"实际上，荣格在序言的最后这样说："为了能领悟其意义者的福祉，可让《易经》君临天下！"

卫礼贤与贝恩斯翻译的《易经》英文版封面，荣格作序

在《中国科学文明史》中，李约瑟曾引用《世说新语》中的一个故事。殷荆州问远公（慧远和尚）："《易》以何为体?"慧远答曰："《易》以感为体。"

在第三届心理分析与中国文化国际论坛（2006）上，乔·凯布雷（Joe Cambray）用此故事作为其主题报告《通往智慧的十字路口：共情与心理分析领域》（Crossroads on the Way to Wisdom：Empathy and the Analytic Field）的开始。

汉字"感"的篆体（感），其意象包含感于心的象征意义。《说文解字》曰："动人心也。从心咸声。"

"感"的本义源自《易经》第三十一卦（咸卦）。卫礼贤将其翻译为"感化"（influence）与"求爱"（wooing）（Wihelm & Baynes Trans., 1967）；鲁道夫·瑞策玛（Rudolf Ritsema）将其翻译为"联姻"（conjoining；Ritsema & Karcher Trans., 1994）。咸卦的意象与卦辞，呈现出一种特殊的气氛："天地感而万物化生，圣人感人心而天下和平，观其所感，而天地万物之情可见矣。"

在中国文化传统中，“感”常常与“应”一起使用。“应”的篆体（應）也有心的意象。它的本义为“从心而应”，与《易经》中孚卦（第六十一卦）有关。卫礼贤将“中孚”翻译为“内在真理”（Inner Truth），并这样解释：“中孚（内在真理）具有转化万物的力量，这是其基本的思想，有孚之信是其基础。”（Wihelm & Baynes Trans.，1967）

我将“感应”，即感之于心、应之于心，作为中国文化心理学第一原理，自然其也属于核心心理学的主要心法。在此原理中，包含心理分析之“共时性”（synchronicity）、积极想象（active imagination）、心灵的真实性（the reality of the psyche）与心灵的自主性（the autonomy of the psyche）等基本意义。

泽山咸

《易经》

第三十一卦

卫礼贤在翻译咸卦的时候，用“皆”（universal）、“普遍”（general）等词来描述咸之“感化”与“激励”（stimulate）。咸之上卦是“兑”，愉悦；其下卦是“艮”，为静为止。对于咸卦所包含的“求爱”（wooing），卫礼贤解释说，这是男性原则，意味着必须寻求主动，将自身置于女性原则之下。这正如《易经》上经源自天地，天地定位万物化生，而下经由“求爱”与“婚姻”开始，作为所有社会关系的基础。这也是《易传·序卦》的本义：“有天地，然后有万物；有万物，然后有男女；有男女，然后有夫妇……夫妇之道，不可以不久也，故受之以恒。恒者，久也。”

在1998年准备第一届心理分析与中国文化国际论坛的时候，我们曾用咸卦的意象与意义来设计大会标志。那也正是核心心理学，以及荣格心理分析在中国萌芽的象征，一种初始与洗礼。

感应或共时性，即咸卦六爻的象征性意义，均在第一届心理分析与中国文化国际论坛召开期间得以体现。第一爻应在我的身上[1]，如其初六爻

---

① 论坛正式开始之前的夜晚，我约朋友讨论至深夜，其中有《易经》学者（傅剑平）和艺术家。凌晨时分，我大脚趾抽筋，应在咸卦初六爻之“咸其拇”。

约翰·比毕在第一届心理分析与中国文化国际论坛上做开幕致辞（1998）

所示："初六，咸其拇。"其象曰："咸其拇，志在外也。"

第二爻应在约翰·比毕身上①，大会第二天他伤到了小腿，正如咸卦六二爻之"咸其腓"，其象曰："顺不害也。"

大会第三天，咸卦的第三爻，应在了傅剑平身上。他是《易经》博士，参与了论坛正式开始之前夜晚的有关讨论，正如咸卦九三爻之"咸其股"②，其象曰："咸其股，亦不处也。志在随人，所执下也。"

大会最后一天，约翰·比毕做结束发言，以其特有的风格感动了诸多与会者，许多人流下眼泪，那也正是《易经》咸卦第四爻之意象与意义的体现："贞吉，悔亡，憧憧往来，朋从尔思。"其象曰："贞吉悔亡，未感害也。憧憧往来，未光大也。"

当我们惊讶于这不可思议的感应事件时，约翰·比毕问我："咸卦的第五爻和第六爻呢？"我回应说："我们等着看吧。"

第一届心理分析与中国文化国际论坛与会者合影（1998）

① 约翰·比毕在论坛第一天做主题报告；第二天我们一起在走楼梯的时候，他绊倒伤到了小腿。

② 傅剑平是华南师范大学教授，以《易经》需卦完成其博士论文。论坛第三天，我们去新兴县国恩寺。在寺院用餐的时候，傅剑平从座椅上翻倒，伤到小腿。

数年后，在我完成荣格心理分析的最后考核之后（2002），约翰·比毕与我一起，在旧金山荣格学院做“《易经》与心理分析”的工作坊。[①] 约翰·比毕刚开始的几分钟一直不能很流畅地言说，他也一再问大家：“你们能听到我说的话吗？能听清楚吗？”这时我走到他身边，靠近他说：“你还记得我们在第一届心理分析与中国文化国际论坛所遇到的《易经》咸卦吗？那么这便是其第六爻的体现。”咸卦上六：“咸其辅颊舌。”其象曰：“咸其辅颊舌，滕口说也。”简直不可思议。

咸卦之第五爻，是咸卦的卦主。卫礼贤曾做这样的翻译：“九五意为：感化在颈的背后（the influence shows itself in the back of the neck），无悔。”（Wihelm & Baynes Trans.，1967，p. 125）“颈的背后”翻译的是汉字“脢”（背脊），意为心之上，或与心相连。[②] 然而，其用“脢”的象征意义，具有无心之感，或天心之感的寓意。

2008 年，里氏 8.0 级大地震发生在中国西南。我们华人心理分析联合会（CFAP）的代表前往震区，建立“心灵花园”为受难者提供心理救援，至今历时 10 余年。2010 年，中国玉树发生大地震，我们“心灵花园”志愿者也前往救援。如今，在中国，我们已建有 86 所“心灵花园”工作站，数千志愿者参与工作。

“心灵花园”志愿者团队在汉旺震区（2008 年 5 月 17 日）

在前面提到李约瑟引用的有关殷荆州与慧远法师的故事中（殷荆州问慧远：“《易》以何为体？”慧远答曰：“《易》以感为体。”），殷荆州接着问：“铜山西崩，灵钟东应，便是易耶？”慧远笑而未答。

---

① 这次工作坊是在美国旧金山荣格学院附近的一个教堂内举行的，参加者有百余人。

② 《易经》咸卦九五：“咸其脢，无悔。”其象曰：“咸其脢，志末也。”

庐山东林寺远公塔院

为“远公未答”之公案，我几度去庐山东林寺远公塔院，山深道远，听其讲述这未答之寓意。

汶川大地震，犹如“铜山西崩”，而“心灵花园”志愿者的行动，便是“灵钟东应”。这也正是《易经》咸卦，以及中孚卦的象征与意义：“鸣鹤在阴，其子和子。”这也就是感应：以心传心，心心相印。

四川，包含汶川、北川和青川，形成中国版图的心脏地带。此次大地震发生在龙门山区域。这里是羌族繁衍生息的地方，羌族的祖先可以回溯到大禹和炎帝、神农。

汶川大地震的震中是一个被称为牛眠沟的地方，而当地人认为地震就是“地牛翻身”。震中区域的核心，是“莲花心谷”。当地有传说，此“莲花心”每两千年就要“开花”一次。

在震区心理救援现场

我们在震区的心理救援，正响应与体现了《易经》咸卦第五爻的意象与意义。在中国文化传统中，“莲花”是心花与灵魂之花的重要象征，也是生命之花的原始形式。正如索奇皮利的箴言：“吾心如吾身之花。”

于是，我们将“感应”（以心传心），作为核心心理学的心法与方法论，并以“观感化物”来表达其治愈与转化的作用：

这四个汉字包含丰富的意象与意义：

1. 观，内观。常事曰视，非常曰观。

2. 感，感之于心，亦如中孚。

3. 化，物化与转化。

4. 物，寓万物，天地之数，起于牵牛。

我们在汶川震区从事心理援助已有10余年。玉树大地震之后（2010），我们也在震区建立了3所“心灵花园”工作站，并工作至今。玉树是羌族故地，处于青藏高原，平均海拔4 500米。玉树也是黄河、长江和澜沧江三江的源头。人们将具有震撼的牛头意象，作为三江源头的象征。

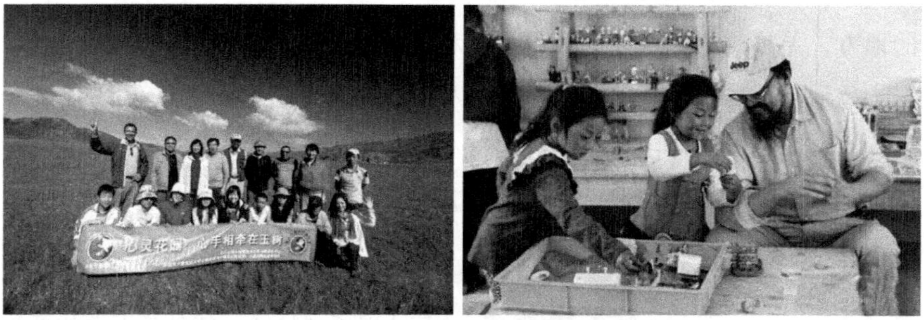

“心灵花园”志愿者在玉树（2010）

在青海莲花山上的塔尔寺，我遇到一位喇嘛。他正在用一种特殊的方式，唱诵《中阴得度》——《西藏度亡经》。这部经典由莲花生大士于公元817年带入西藏。“莲花生”，寓意非凡。据说，其本来生于莲花，体现了观音菩萨之心、诸佛之心。在英译《西藏度亡经》的封面上，印有这样一段文字：“唵，莲花心，吽。”这是源于六字箴言的标志。在沉浸于《中阴得度》唱诵的时候，我心中浮现出翁法洛斯圆石①，以及“生命之花”② 的意象。

① 翁法洛斯（Omphalos）圆石，象征“世界之脐”，以德尔菲神庙的象征性圆石闻名于世。传说宙斯曾放飞两只鹰，一只向东，一只向西，这两只鹰在环绕地球后汇合于德尔菲，因此这里被确认为世界的中心。而这块圆石，据说本来是宙斯的“替身”，是由其父克洛诺斯吐出来的。

② 新纪元运动（New Age movement）认为“生命之花”（Flower of Life）也即宇宙的起源。其发起人德隆瓦洛·麦基洗德（Drunvalo Melchizedek）用“生命之花”来命名一种特殊的几何形状：花状般对称的六边形。

象征“世界之脐”的翁法洛斯圆石
（希腊德尔菲博物馆）

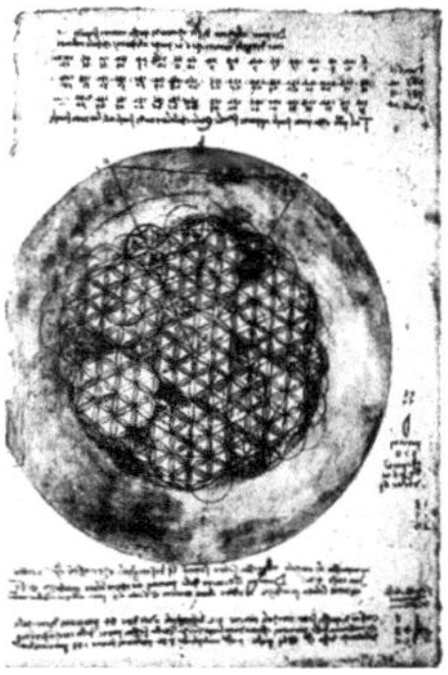

《大西洋古抄本》中的达·芬奇绘画，
如今被认为是“生命之花”的图案

2009年，我去到德尔菲神庙，在翁法洛斯圆石前伫立很久。我问博物馆的管理人员（一位大约50岁的女性），同时也是想确认：传说中“认识你自己”的德尔菲箴言，就是刻在这块圆石上吗？

出乎我的意料，这位管理人员，用左手向墙边指了一下说：“你要找的是那块石头。”

我顺着她的指引看过去，顿时惊异万分，那俨然正是一朵异域莲花，一朵含苞欲放的上古莲花，硕大的花瓣伸开数米范围，花柱有3米多高，甚是壮观。

那一刻，我受到震撼的同时，也感到神奇。我默默地站在那里，站在这圆石和莲花之间。在我的内心深处，它们渐渐融为一体，依附在花柱上的花瓣慢慢张开，花柱继续生长，而那象征世界中心的德尔菲圆石，也正是这莲花之心，含苞欲放的莲花之心。

德尔菲神庙的石雕，
犹如一朵上古莲花

荣格在其《〈西藏度亡经〉心理学评论》中说：“我相信人们只要睁开眼睛阅读此书，不带偏见沉浸其中，自然会有丰富的收获。”

在荣格的理解中,《西藏度亡经》的教诲切合人性,对灵魂之奥秘更有深刻洞察,因此完全有可能从中获得解脱(Jung,1935/1953/1969e,§831-832)。

荣格坦诚表达道:"自从其问世以来,《西藏度亡经》便一直是我的随身伴侣。我不仅从其中获得诸多启示和灵感,而且许多根本性的洞见也受益于此书。"(出处同上)可见,荣格与《西藏度亡经》之间,充满感应,也如《易经》之咸卦与中孚卦,以心传心,获得内在真实。

荣格的确从《易经》中获得感应。他从中发现与阐释了"共时性"原理,将其作为心灵的体现、无意识的方法,以及分析心理学的基本原理。荣格在其《纪念卫礼贤》的文章(1930)中讲述了这样一个故事:"几年以前,当时的不列颠人类学会的会长问我,为什么像中国人这样一个如此聪慧的民族却没有能发展出科学。我说,这肯定是一个错觉。因为中国的确有一种'科学',其'标准著作'就是《易经》,只不过这种科学的原理就如许许多多中国其他的东西一样,与我们的科学原理完全不同。"在荣格看来,《易经》中的科学,对于西方来说是全新的,于是他用"共时性"来为其命名:"《易经》中的科学不是建立在因果原则之上,而是建立在——迄今尚未被命名,因为我们对其不熟悉——我尝试称为共时性的原则之上。""长期以来,我在对无意识过程的心理学研究中发现,某些重要的无意识现象仅以因果律是无法彻底解释的。于是我觉得有必要去寻找一种新的解释方法。我发现,存在着某些心灵对应,它们之间不可能有任何因果联系,但是它们之间必定存在着别的某种联系。我认为这种联系主要在于事件间相对的同时或同步,因而我称之为'共时性'。这样看来,仿佛时间远远不是一个抽象的概念,而是一种实实在在地连绵不断地流逝着的东西。它具有一些自己的特点和基本条件,这些特点和基本条件能够以一种因果对应所无法解释的方式在许多不同的地方同时表现出来,比如同时出现某些巧合的思想、符号或者心理状态。"(Jung,1930/1971,§80-81;译文引自卫礼贤,荣格,2011,90-91页)

通过对共时性的研究,荣格进一步探索"直觉方法"(intuitive method)，一种不依赖于测量结果而能让我们洞察共时性背后的心理意义，也即领悟整体情景的方法。荣格说："于是我首次将注意力投入这种直觉方法来获得对整体情景的领悟。这种方法非常具有中国特色，也即非常像《易经》的方法。"（Jung，1952/1969d，§863）

可见，《易经》启发荣格去探索"直觉方法"。有的时候，荣格也将这种方法称为"预知方法"（mantic method）或者"领悟整体技术"（technique for grasping the total situation），几近于我们所称"心法"概念。荣格说："《易经》是最古老的把握整体情景的方法，其将细节置于宇宙背景，以阴阳互动进行分析。因此，我们可以将其视为中国经典哲学的实验基础。"（§863）这也正是咸卦与中孚卦之意象与意义的体现。

因此，在共时性现象的背后，正是感应与中孚这一《易经》的卦象所呈现的意义。也如《易传·系辞》所说："易，无思也，无为也，寂然不动，感而遂通天下之故。非天下之至神，其孰能与于此。"

荣格与齐默尔在爱诺思（1936）

荣格在写给齐默尔（Heinrich Zimmer）的一封信中（1938 年 12 月 12 日）说："作为一个秘密，我之所知皆来自我所掌握的无知。"荣格接着说："这是有根据的。我属猪，生于 1875 年。"（Jung，1973b，p. 250）

荣格在这里所用的是《易经》之中孚卦："中孚：豚鱼吉，利涉大川，利贞。"对于中孚卦的卦象（"泽上有风"），卫礼贤给予了很好的解释："风在湖面吹动水的涟漪，未见无形之物得以可见的表现。中孚卦上下皆为阳爻，阴爻居中间，这表明心无偏见，从而展现真理。"荣格很喜欢中孚卦的意象和意义，正如中孚卦之彖辞的意境与形容："'中孚'，柔在内而刚得中，说而巽，孚乃化邦也。'豚鱼吉'，信及豚鱼也。'利涉大川'，乘木舟虚也。中孚以利贞，乃应乎天也。"

就《易经》的传统而言，卦象的第三爻和第四爻寓人，第一爻与第二爻为地，第五爻与上爻为天。这也是《易经》中的天、地、人“三才”之说。如《易传·系辞》所言：“《易》之为书也，广大悉备。有天道焉，有人道焉，有地道焉。兼三才而两之，故六。六者非它也，三材之道也。”荣格很欣赏其中所包含的心理学意义：“就道家的核心概念而言，一阴一阳之谓道。阳意为热、光、男性；阴则为冷、暗、女性。阳为天，阴为地。阳中有神，人灵魂中的天性；阴中有鬼，大地属性。人是两者的中介。天、人、地，形成世界的三要素，也即‘三才’。”（Jung，1921/1976，§366）如《易经》复卦彖辞所言：“复其见天地之心乎？”卫礼贤相信，复卦的象征性意义指向自性知识（Self-knowledge）。

传说有三位圣者创造了《易经》：伏羲，首创八卦；周文王，推演六十卦；孔子，完成《文言》《系辞》等十翼。

伏羲像（宋代马麟，台北“故宫博物院”）

文王像（日本京都国立博物馆）

孔子像（唐代吴道子）

《易经》之“易”（），意象非凡，蕴含日月：阴阳之大象。“易”有“三义”①，这三种水平的基本内涵如下：

1. 简易或易简，如汉字“易”之本义，亦如日月之简明，自然而然。

① “易”之“三义”初见《京氏易传》。《乾凿度》多有发挥，借孔子之名说“易”之“简易”“变易”和“不易”。《易传·系辞》亦有“易简”之说。

2. 变易与转化，如日之初升与落下、月之朔望亏盈。阴阳交替变化，气之本性使然。

3. 不易与永恒，如日月之常，亦如道之运行。天地之道，恒久不已。

《易经》咸卦之后便是恒卦，卫礼贤将其翻译为“持续时间”（Duration）。恒卦之彖辞曰：“恒，久也。刚上而柔下，雷风相与，巽而动，刚柔皆应，恒。恒，亨，无咎，利贞，久于其道也。天地之道，恒久而不已也，利有攸往，终则有始也，日月得天而能久照，四时变化而能久成，圣人久于其道而天下化成，观其所恒而天地万物之情可见矣。”

汉字“恒”（㮊），寓心与天地之舟；在古字中，亦有寓心与日月之恒。其本义为恒久永远，日月、昼夜，周而复始。

在写给N先生的一封信（1935年10月25日）中，荣格说：“《易经》的技术与智慧是如此微妙，以至于需要古老东方教育的精蕴文化才能获得真正理解……我们需要的是一种心理教育，以便我们能够慢慢地理解《易经》……”“如果我对《易经》有什么了解，那么我应该说，这本书所教你的，正是你自己的道路及其全部重要意义……”“我深爱《易经》（我是《易经》嫉妒的恋人），希望《易经》不要被专门化，而是能够以其自然的方式繁荣兴旺。”（Jung，1973a，pp. 200－201）

在第三届心理分析与中国文化国际论坛召开期间，我与默瑞·斯丹、约翰·比毕、乔·凯布雷、琳达·卡特（Linda Carter）等，一起前往青岛，访问卫礼贤与劳乃宣①的故居。

在《中国心灵》一书中，卫礼贤讲述了他与其老师劳乃宣初次相遇的故事。在周馥②提到他要给卫礼贤介绍一位老师之后，卫礼贤做了一个梦：

---

① 卫礼贤的老师，为其传授《易经》。

② 周馥（1837—1921），字玉山，号兰溪，谥悫慎，安徽建德（今东至县）人。1862年开始随李鸿章办洋务达30余年，深受倚重，由候补县令累迁至封疆大吏。1902年，周馥升任山东巡抚，并加兵部尚书衔。1906年调任闽浙总督，后调补两广总督。1921年8月21日病逝于天津寓所，终年84岁。

"……在乌云散去之前，我做了一个奇怪的梦。梦里有一个眼神友好、胡子雪白的老人来探访我。他称自己为'崂山'，要我去探寻古老山岳的秘密。我向他鞠躬表示感谢，他一消失我立刻醒了。"（卫礼贤，1926/1998，144－145页）数月之后，当卫礼贤见到劳乃宣的时候，他不仅喜出望外，而且惊讶不已。因为，他所见到的劳乃宣，与他之前梦中所遇到的那位老人，极为相似。竟然，他也真的叫"崂山"（卫礼贤此时知道，劳乃宣家族的姓氏正是源于崂山[①]）。

卫礼贤（左）与劳乃宣（右）

荣格常常讲述卫礼贤与劳乃宣的梦，其中不仅有《易经》中所包含的"共时性"，而且，也有他分析心理学中最为关键的"心灵的真实性"[②]，犹如命中注定的缘分。荣格为此写道："卫礼贤在中国有幸遇到一位传统

① 劳乃宣在其《劳山草》自序中云："癸丑冬，自涞水移居青岛。以在劳山之麓为吾家得姓之地，固自号劳山居士。居此所得之诗，录为《劳山草》。"

② "心灵的真实性"（the reality of the psyche），荣格分析心理学的核心概念之一，认为心灵与精神，并不仅仅是主观想象或思想，还具有其自身的客观性。

学派的圣者。这位圣者，劳乃宣，将卫礼贤引入中国瑜伽（道家）哲学和《易经》的心理学。由于他们两位的合作，我们得以看到附有精彩评论的《易经》译本。这部东方最深邃的著作首次以生动可懂的形式被介绍到西方。我将其视为卫礼贤最重要的成果。显然而确切，卫礼贤的思想曾是西方的，但在其《易经》的评论中，他所表现的对中国心理学的适应程度无与伦比。”（Jung，1950/1969c，§965；译文引自荣格，1963/1988，603 页）荣格特别提示，卫礼贤从劳乃宣那里不仅学习了《易经》的哲学，而且学习了《易经》的用法。尤为重要的是，在荣格看来，卫礼贤长期以来将《易经》特殊的占卜技术付诸实践。对此，荣格说：“卫礼贤领会了《易经》中活生生的意义，这使得其翻译具有深远的视野。”“这是仅仅具有中国哲学学术知识的学者们无法企及的。”（出处同上）荣格也认为劳乃宣与卫礼贤的《易经》传承，是命运使然，是彼此命中注定都要去完成的工作。“当完成最后一页的翻译，收到出版印刷的最初样稿后，这位年长的劳乃宣大师去世了。仿佛他的工作已经完成，他将古老、看似濒临死亡的中国的最后消息传到了欧洲。而卫礼贤确是完美的弟子，实现了这位圣者愿望达成的梦。”（出处同上）卫礼贤与中国，与中国文化和《易经》，犹如其哲学中的“命运”（schicksal），犹如其心理学中的“体验”（erleben）。或许，这也正是卫礼贤所代表的中国文化对荣格的真正影响之所在。卫礼贤所呈现的，也正是荣格心理学的感受性（feeling），一种涵容与融入的能力，一种感应性的化身体验。①

2006 年，在崂山太清宫千年龙头榆的大树下，默瑞·斯丹、约翰·比毕、乔·凯布雷、琳达·卡特、卡蒂卡·帕西克（Katica Pasic）、乔西普·帕西克（Josip Pasic）、高岚与我，用这样一个问题来求教《易经》：“心理分析在中国的前景如何？”

---

① 劳乃宣将《易经》传给卫礼贤，卫礼贤将其传给荣格，使其在世界传播，他们皆可视为中国文化精神的信使与守护者，命运使然，薪火相传。

《易经》用鼎卦予以回应，风火鼎：鼎之九三变爻，故又有火水未济。如其卦辞所示："鼎，元吉，亨。"大亨养圣，贤亦养民。鼎象巽下而离上，含转换之意，犹如钻燧取火，以化腥臊。心理分析的治疗与治愈又何尝不是如此？未济卦离上而坎下，水火同在，柔而得中。"君子之光，其晖吉也。"至于有晖，善之至也。这也正是心理分析与中国文化之未来与发展。

国际分析心理学会代表访问崂山太清宫（2006）

我们知道，荣格在为卫礼贤所译《易经》英文版撰写序言的时候，曾求问《易经》，得到的也正是鼎卦。荣格认为鼎中包含精神滋养的意象，并这样引用卫礼贤的翻译予以阐释："鼎属于优雅文明的器物，其表示对智者的养育，以及对邦国利益的奉献。于此我们可以看到文明在其宗教上的成就。鼎提供对神灵的献祭……神灵之天命则在先知与圣人身上显现。因此，尊敬他们也即尊崇神灵。神灵的旨意，由于通过他们显现，应被谦卑地接受。"（Jung，1950/1969c，§977）鼎卦以及九三变爻后的未济卦都很重要。但我仍然想更多关注鼎卦本身。鼎作为容器，亦有变易的意义，意指正经历文化变迁。如鼎卦之象曰："木上有火，鼎，君子以正位凝命。"

1929 年 2 月 6 日，荣格在《梦的分析》讲座中借用《易经》鼎卦来阐释其心理分析的意义，将其用于对梦中意象的分析与阐释。荣格引用卫礼贤对《易经》鼎卦的解释，认为"鼎之三足"包含和寓意瑜伽中"产生新人”的技术（the technique for producing the new man）。对此，荣格将《易经》的卦象，与梦中意象进行比较，认为梦者梦中的这一部分，表明“无自我”（无我，non-ego）中心并非真的自发存在，它必须由病人自己，在极其关注或用心关注的情况下产生。接着，在这次讲座中，荣格逐一介绍《易经》鼎卦之六爻的寓意，然后总结说：“鼎之祭祀礼器的观念被用在道家祖先崇拜的仪式中。鼎象征着精神的子宫，孕育新的事物……各种各样的东西一起被放入（鼎中），并非普通的混杂，而是在火中整合，提炼金子，产生新人。于是，鼎获金耳（‘六五：鼎黄耳，金铉，利贞。’），进而金玉（‘上九：鼎玉铉，大吉，无不利’），尤其珍贵的石中之石，也即炼金石（或哲人石）。”（Jung，1984，pp. 107 - 108；译文引自荣格，2014，115 - 116 页）同样是在《梦的分析》系列讲座中，荣格仔细介绍了《易经》起卦的方法和意义。在荣格的心目中，《易经》不仅是中国儒家和道家共同的经典，同时，也包含最为深刻的瑜伽和炼金术理论。可见，对于致力于无意识心理学探索的荣格来说，《易经》几乎可算其得心应手的工具。

鼎中的精神滋养，寓意安心的作用。种子之精髓可固化命运，亦如中国炼金术或道家内丹之“炼精化气”（炼精化气、炼气化神、炼神还虚、炼虚合道）。于是，我们一再获得忠告，为了心理分析在中国的未来发展，君子以正位凝命，谨守《易经》之“时”以及“时中”，“以君子将有为也，将有行也，问焉而以言，其受命也如响，无有远近幽深，遂知来物。非天下之至精，其孰能与于此”（《易传·系辞上》）。

有关故事仍在继续。2013 年，第六届心理分析与中国文化国际论坛在青岛召开，主题包括“卫礼贤与《易经》”“荣格与《红书》”。默瑞·斯丹与其《红书》话剧组，前来演出《红书》中荣格遭遇无意识的七个场景。卫礼贤的孙女贝蒂娜，带来其制作的《〈易经〉的智慧：卫礼贤与中国》，这是其中文版的首映。而在论坛开始之前，则特意安排了两天“《易经》与心理分析”圆桌研讨会。

申荷永、刘大钧、默瑞·斯丹共同主持第六届心理分析与中国文化国际论坛之“《易经》与心理分析”圆桌研讨会（2013）

当然，我们也前往卫礼贤故居，以及劳乃宣的故乡崂山访问。

仍然是在太清宫那棵千年的龙头榆下，大家围坐一起，说起卫礼贤与劳乃宣、劳乃宣与崂山的故事，以及2006年在此询问“心理分析在中国的发展”所获“鼎”与“未济”的经历。大家不约而同将双手放在龙头榆下的石板上，默瑞·斯丹、简·斯丹、克里斯塔·罗宾逊，以及在《红书》话剧中扮演荣格的保罗·布鲁奇（Paul Brutsche）、扮演“伊利亚”（Elijah）和“斐乐蒙”（Philemon）的约翰·希尔（John Hill）、扮演“莎乐美”（Salome）和荣格灵魂与“阿尼玛”（Anima）的达丽安·皮克泰特（Dariane Pictet）等都在场。“荣格”（保罗·布鲁奇饰）似乎是用荣格的声音在说话：这卫礼贤的第二故乡，也有其“另一个波林根”的感觉；对于分析心理学在中国的发展，倍感欣慰……那一刻，这千年龙头榆有了回应：榆叶飞舞，如天籁之音。

那一刻，我们真的体验到了《易经》的“时中”、咸卦的“感应”、中孚卦的“内在真理”，以及不可思议的“道心惟微”。

我并非迷信，诸多友人皆可见证，如默瑞·斯丹、简·斯丹、克里斯塔·罗宾逊、保罗·布鲁奇、约翰·希尔和达丽安·皮克泰特等，那是我们一起的感受：感应中的以心传心。正如《易经》咸卦彖辞所示：“天地感而万物化生，圣人感人心而天下和平。观其所感，而天地万物之情可见矣。”

在青岛，与卫礼贤和其老师劳乃宣如此亲近的体验，可用感同身受、

重访崂山太清宫，在千年龙头榆下（2013）

心有灵犀来形容。这也正是荣格“共时性”的意义所在，也即感应心法：感之于心，应之于心（核心心理学的原理与心理分析之心）。

荣格曾用这样的方式，来表达他对《易经》的情感和对卫礼贤的悼念：“任何一位有幸经由卫礼贤体验了《易经》预示神力的人，如我自己，都不能再忽视这样一个事实，由此我们已触及足以动摇我们西方心态基础的阿基米德点。”“更为重要的是，卫礼贤已为我们移植中国精神的生命胚基，这将使我们的世界观产生根本变化。我们将不再沦落为临渊羡鱼或品头论足的旁观者，我们已成为东方精神的参与者，并能够体验到《易经》的生命活力。”（Jung，1930/1971，§78）

荣格在为卫礼贤所译《易经》而写序言的最后说：“假如经由这样的展示，我能成功地阐明《易经》心理学的现象，我的目的就达成了。”荣格还略显谨慎地说：“《易经》本身不提供证明与结果，它也不吹嘘自己。当然，要接近它也绝非易事。它如同大自然的一部分，仍有待发掘。它既不提供事实，也不提供力量，但对喜好自性知识以及智慧的人士来说，也许是本很好的典籍。”但最后荣格十分肯定地说：“为了能领悟其意义者的福祉，可让《易经》君临天下！”（Jung，1950/1969c，§1018）

2010年，在复旦大学举办的心理分析与中国文化国际论坛中，我主持了托马斯·科兹有关《易经》与心理分析的演讲。当被问及“荣格与弗洛伊德之最大不同是什么”的时候，科兹幽默而自信地回答说：“荣格与弗洛伊德，以及分析心理学与精神分析之最大的不同，在于荣格以及我们荣格学者，都熟悉《易经》和中国文化，而弗洛伊德与其精神分析师则不然。”

托马斯·科兹在复旦大学讲座现场（2010）

复旦大学心理分析与中国文化研究中心举办的“《易经》与心理分析”圆桌会议（2010）
左起：金悦春、陈侃、约翰·比毕、申荷永、霍斐然、胡孚琛、左常波、姜祖桐、刘正军。

就《易经》在中国的发展与历史而言，可以说有三种风格与范式：其一为“天易”，其二为“圣易”，其三为“心易”。当然，亦如易之“三才”，或荣格在其分析心理学中的发挥与运用。人乃天地之心，心易不仅为核心心理学的心法，也是心理分析的专业实践。

第五届心理分析与中国文化国际论坛现场（2012）

论坛特别邀请贝蒂娜·威廉、默瑞·斯丹、刘大钧、约翰·比毕和申荷永，就“《易经》的智慧：卫礼贤与中国”做专题研讨。鲁伊基·肇嘉、胡孚琛、樋口和彦以及保罗·库格勒等都积极地参与了这场特别的讨论与交流。照片左起：默瑞·斯丹、贝蒂娜·威廉、约翰·比毕、刘大钧、申荷永。站起提问者是鲁伊基·肇嘉。

访问卫礼贤故居（2013）

左起：默瑞·斯丹、珍·科兹、贝蒂娜·威廉、约翰·比毕、申荷永、托马斯·科兹。

第二节　忠恕：儒家传统

孔子曾这样象征性地来描述自己的一生："吾十有五而志于学，三十而立，四十而不惑，五十而知天命，六十而耳顺，七十而从心所欲，不逾矩。"（《论语·为政》）从"志"于学之"立心"开始，到"从心所欲"而止，从心至心，一以贯之，完整圆满。

实际上，这也正是《易经》乾卦之意象与意义的体现，如乾卦六爻所示：

> 初九：潜龙，勿用。象曰：潜龙勿用，阳在下也。
>
> 九二：见龙在田，利见大人。象曰：见龙在田，德施普也。
>
> 九三：君子终日干干，夕惕若，厉无咎。象曰：终日乾乾，反复道也。
>
> 九四：或跃在渊，无咎。象曰：或跃在渊，进无咎也。
>
> 九五：飞龙在天，利见大人。象曰：飞龙在天，大人造也。
>
> 上九：亢龙有悔。象曰：亢龙有悔，盈不可久也。
>
> 用九：见群龙无首，吉。象曰：用九，天德不可为首也。

易象寓意深远。乾坤之用九和用六，皆具有转化的意义。"见群龙无首吉"之意象，也有"感应"的意义，以及庄子"心斋"所描述的"无听之以耳而听之以心"的意境。这也正是孔子对其一生的表达："七十而从心所欲……"

可见，孔子与《易经》，也是心有灵犀，心心相印。当荣格为卫礼贤所译《易经》撰写序言的时候，他也触及了那灵动的心的意义：《易经》的心意与心法。

孔子曾用汉字"恕"，来表达其整体思想。有关故事记录在《论语·

卫灵公》中。子贡，孔子最著名的学生之一，曾这样来问孔子："有一言而可以终身行之者乎？"子曰："其恕乎？己所不欲，勿施于人。"

孔子的回答也便成为古代中国的"黄金律"。据《论语·里仁》记载，孔子对其学生曾子说："参乎，吾道一以贯之。"孔子离开后，人们问曾子："何谓也？"曾子曰："夫子之道，忠恕而已矣。"

"恕"，其篆体如（如此美丽的寓心意象），被翻译为多种语义的英文，如"善良的心"（kind-heartedness）、"宽恕"（forgiveness）或"仁慈"（benevolence）。但如何去做，如何实现呢？其奥秘也在于汉字之本来意象中。

"恕"之上面为"如"（女与口），下面是"心"。于是，我们可以看到恕中所包含的象征意义："如心"（从心）或"如同一心"，也就是己所不欲，勿施于人。若是将这东方"黄金律"与西方之"己之所欲，惠之于人"（Do to others as you would have them do to you）来做比较，则别有一番意味。

如果我们继续来问如何去做，那么，我们可以来关注另一个有关的汉字："忠"。其篆体如，曾子曾用此来阐释孔子的教诲。

"忠"之上面是"中"，中心、中间、中庸之"中"，同时也是中国和中国人之"中"；忠字下面为"心"。

"忠"的意象，根据中国文化传统，表示忠实与忠诚。忠也是"六德"（知、仁、圣、义、忠、和）之一。《中庸》有如下著名的陈述："喜怒哀乐之未发，谓之中；发而皆中节，谓之和。中也者，天下之大本也；和也者，天下之达道也。致中和，天地位焉，万物育焉。"

1947年7月12日，荣格在写给冈瑟·达斯（Günther Däss）的信中说："对于'中'来说，你是对的：对立整合（the pairs of opposites）在德国心理学中已经无踪无影，因为'中'已失去……唯此精神之中始有拯救。这中与中心概念，在中国被称为道。耶稣会会士将其翻译为上帝。这

洗心岛文化暨东方心理分析研究院访问山东邹县孟子故里（2017）

洗心岛文化暨东方心理分析研究院访问山东曲阜孔庙（2017）

洗心岛文化暨东方心理分析研究院访问山东曲阜孔庙杏坛（2017）

中与中心无处不在，与每个人都息息相关。当一个人失去这中的时候，他便以其疾患而影响所有他人，使他人也会失中。”荣格在信的最后，用拉丁文写道：“上帝圆融寓中，无处不在，无所不及。”（Deus est circulus cuius centrum est ubique circumferentia vero nusquam/God is a circle whose centre is everywhere, and whose circumference is nowhere; Jung, 1973c, pp. 470 - 471)

卫礼贤把“忠”翻译为“对自身的忠实”(Treue gegen sich selbst)，把“恕”译为“对他人的友善”(Gütigkeit gegen andere)，俨然发挥出孔子的心理学，其中已包含对荣格心理分析的启迪。卫礼贤将汉字“忠”注解为“心之中”，阐释为“对中的意识”，或“具中的心理”。在卫礼贤的理解中，儒家之“忠”，是一种深层或深入的意识。但用此“中”与“心”(忠)，即可意识到自身与人类的本性，深入无意识的超然境界，领会天命的意义。①

2002 年第二届心理分析与中国文化国际论坛召开期间，与会者一行数十人去了泉城济南，登了泰山，然后去曲阜孔子故里。我夜里有梦，梦中反复出现这样一句话：“山下出泉，蒙。”这使得我心潮澎湃，思绪万千。于是，我在日记中记下这样的文字：

……《易经》蒙卦艮上而坎下，有山下出泉之象。蒙者，物生之处，启蒙之谓也。

……泰山，也便是这蒙中艮山之意象；泰中所含之水，化作泉城之七十二名泉的涌现。而蒙中之蒙者，当有伏羲神农之发端启蒙，亦有孔孟曾颜之童蒙解困。它们皆汇聚于这岱宗泰山脚下，凝结为中华之精粹。对我来说，这也正是心理分析积极想象之实践，以及其中自性化过程之意义的真实体现。

泰山上有一处洗心亭，清代蒋大庆为其撰写了这样一副对联：“艮止坎流会心不远，言坊行表即目可寻。”每次来到泰山，必然有所收获，犹如一种洗心的体验。

于是，在我的心目中，泰山便是那永恒的神山、灵山和圣山，其

① 朱熹对于“忠恕”的注解，颇具有心理分析的意味：“尽己之心为忠，推己及人为恕。”“‘施诸己而不愿，亦勿施于人。’忠恕之事也。……张子所谓‘以爱己之心爱人，则尽仁’，是也。”(《四书章句集注 · 中庸章句》)

中也包含我所追求的中国文化的源头活水。当被问及我是否有宗教信仰的时候，我总是回答中国文化便是我的信仰，其中也包含我对泰山的宗教情感。

因此，“山下出泉，蒙”，犹如得见心灵的真实性，以及心灵的自主性。这是一种永恒的原型启迪，自然而然融入核心心理学之中。①

第二届心理分析与中国文化国际论坛部分与会者在泰山天街（2002）

第二届心理分析与中国文化国际论坛部分与会者在泉城济南趵突泉（2002）

第二届心理分析与中国文化国际论坛部分与会者在孔子故里曲阜金声玉振坊（2002）

① 1957年1月3日，荣格写信给迈克尔·福德汉姆（Michael Fordham），谈到《易经》的蒙卦。荣格说：“对于你有关《易经》的经历，即试图引诱其第二次回答时所得到的告诫，我在1920年开始用《易经》做实验的时候也遇到过。那也是绝对震撼，但同时，它也为我开启了全新的景观。”（Jung，1973f，p. 344）福德汉姆在撰写其论文时，为了梳理自己的一些想法，曾求问（占卦）《易经》。得到回答后，即刻又起一卦，遇到了“蒙”（坎下艮上，山水蒙）。蒙卦的英文翻译是“年幼无知”（Youthful Folly），其卦辞曰：“蒙，亨。匪我求童蒙，童蒙求我。初筮告，再三渎，渎则不告。利贞。”荣格与福德汉姆均将其作为“告诫”，以及“共时性”的例证。

洗心岛文化暨东方心理分析研究院团队在泰山南天门（2017）

这种“心学”或“核心心理学”的传统，可以回溯到千年之久的“十六字心经”，即我们前面已提到的《尚书》中的记录：“人心惟危，道心惟微；惟精惟一，允执厥中。”这也是尧、舜、禹代代相传的心法所在。

孔子之后，孟子成为儒家代表人物。《孟子·尽心上》以这样的句子开始：“尽其心者，知其性也。知其性，则知天矣。存其心，养其性，所以事天也。夭寿不贰，修身以俟之，所以立命也。”接着，孟子进一步阐释：“君子所性，仁义礼智根于心。”仁义礼智为儒家四柱，可为《易经》之元亨利贞的体现。它们支撑着文化教育、伦理与哲学，以及文化心理学。然而，正如孟子所说，仁义礼智根于心，如核如种。

孟子像（台北故宫博物院）

可见，心实为儒家之核。在《论语》和《孟子》之外，我们还有《大学》《中庸》。四者合为儒家“四书”，涵容其思想精华，以及儒家心法。

《大学》以“大学之道，在明明德，在亲民，在止于至善”开始，呈现人类心灵所能达到的境界。然而，如何去做呢？如何获得这种止于至善的境界呢？《大学》给了我们如下心法：“正心诚意”。

洗心岛文化暨东方心理分析研究院团队访问孟子故里（2017）

《中庸》亦有对此心法的发挥与运用。其以“天命之谓性，率性之谓道，修道之谓教”开始，后转入如下论断：“喜怒哀乐之未发，谓之中；发而皆中节，谓之和。中也者，天下之大本也；和也者，天下之达道也。致中和，天地位焉，万物育焉。”

儒家发展至宋代，形成新儒学，周敦颐（1017—1073）为其主要奠基者，有《太极图说》流传于世。周敦颐阐释了无极与太极的意象与意义，以阴阳配合五行，演绎宇宙与心灵的变化规律。他将“人”视为天地之心的象征，以“仁”（卫礼贤译为“人性”［menschlichkeit］和“善行”［wohlwollen］）为人类之本性。荣格十分欣赏周敦颐的思想，多拉·卡尔夫则将周敦颐的《太极图》和《太极图说》作为其沙盘游戏治疗的基石与方法论。

多拉·卡尔夫，沙盘游戏治疗创建者（1904—1990）

卡尔夫在其创建沙盘游戏治疗的著作《沙盘游戏：治愈心灵的途径》中这样说：“……在研究中国思想的时候，我遇到似乎符合我们观点的一个图。这便是周敦颐的《太极图》，他是宋代的哲学家，生活于公元1000年左右。”（Kalff，1980/2003，p. 10）

卡尔夫在荣格隐居的波林根（Bollingen）

卡尔夫在瑞士昭里孔（Zollikon）自己家门口

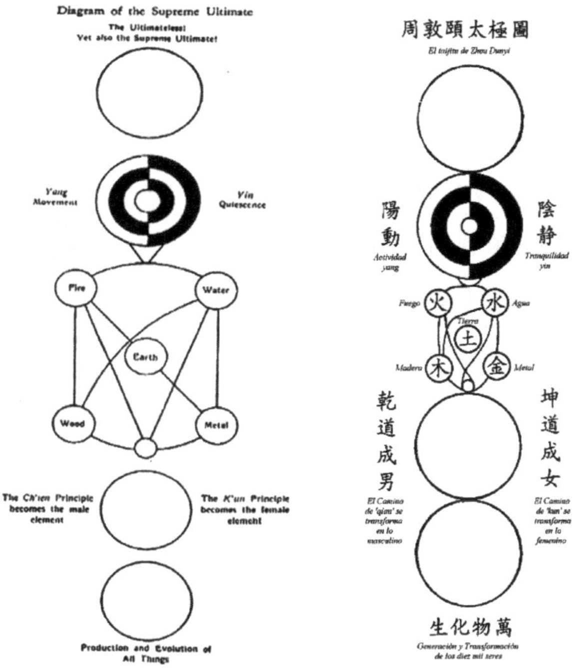

卡尔夫在其著作中使用的周敦颐《太极图》

多拉·卡尔夫将“太极”与“自性”（Self）相连，并将其运用于沙盘游戏治疗的实践之中。我曾于2017年采访马丁·卡尔夫（Martin Kalff，多拉·卡尔夫的儿子，国际沙盘游戏治疗师），他对我说：“基本上，我母亲将‘太极’与自性联系起来，太极之生阴阳两仪亦如自性的表现，这是健康自我发展的基础。若从周敦颐的《太极图说》来看则更容易理解：‘自无极而为太极，太极动而生阳，动极而静，静而生阴，静极复动，一动一静，互为其根，分阴分阳，两仪立焉。’”马丁·卡尔夫也有这样的表达：“周敦颐的描述也可以与自性作为人类自我调节原则的思想联系起来。当一个人将其思想或行为发挥到极端时，这种机制就会被激活。非常理性的态度可以作为这方面的例证。在这种情况下，人们可以通过对梦的觉察来学习有关无意识的内心情感生活，由此在理性与情感之间达到新的平衡。周敦颐的作品绝妙地呈现了静止和运动的动态关系，这可被看作一个潜在的基本原理，非常类似于荣格所描述的意识和无意识之间的激活与运作。”对于多拉·卡尔夫来说，太极包含自性与道的意义。确实如此，太极即道。其中蕴含“相反相成”的原则，这是荣格自性化心理学中最为重要的概念与意象。

周敦颐提出其《太极图说》，开启了新儒学，同时也在某种程度上以儒学为基础整合了道家与佛教。由此，太极如道，亦如佛性，成为天地之心的体现。若从道家的观点来看，周敦颐所描述的《太极图》，则可以从结束返回开始，返回先天，返璞归真，结成金丹。这也正是“金花的秘密”，道家内丹的核心所在。

周敦颐像

周敦颐之后，新儒学分为两大学派，即理学与心学，发展儒家核心哲学。程颐（1033—1107）与程颢（1032—1085）随周敦颐治学，以《易经》为基础发展了太极理论。对于他们来说，心乃天性所在，尽之便知性，知性知天。随后，朱熹（1130—1200）完成程朱学派之理学体系。尽管他们突出了理学之理，但其背后，依然是心灵的真实性。儒家之“正心诚意”，依然得到程朱学派的传承。

同一时期的张载（1020—1077）是另一位重要的新儒学代表人物，“为天地立心，为生民立命，为往圣继绝学，为万世开太平”是其传世名言，也称为“横渠四句”（《宋元学案·横渠学案上》）。其主要著作《正蒙》中有《大心篇》，其中说：“大其心，则能体天下之物。”《大心篇》中亦有“由象识心”以及“知象者心”的阐释，非常适合荣格学者的学习。

邵雍（1012—1077）也是新儒学的推动者。他有《皇极经世》等著作传世，以《易经》为基础而推演无极与太极，如其明言：心即太极。邵雍与周敦颐、张载、程颢、程颐并称为“北宋五子”。

新儒学之心学学派，由陆九渊（1139—1193）建立。他同样深受周敦颐的影响，秉承儒家心学，尤其是孟子心性论。陆九渊留下这样的名言：“宇宙便是吾心，吾心即是宇宙。”（《陆九渊集》卷二十二）可见，他将心的概念提升到包含宇宙万物的终极水平，犹如太极的意义。对于陆九渊来说，心不仅是人类之心，而且也是本性所在，万事万物皆源自本心。根据孟子的理论，本心也即人类的天然本性，其有四种缘起：（1）“恻隐之心，人皆有之”；（2）“羞恶之心，人皆有之”；（3）“恭敬之心，人皆有之”；（4）“是非之心，人皆有之”（《孟子·告子上》）。“恻隐之心，仁也；羞恶之心，义也；恭敬之心，礼也；是非之心，智也。仁义礼智，非由外铄我也，我固有之也，弗思耳矣。”（《孟子·告子上》）陆九渊也认为，心的这些品性人本固有，天赋所在。如同植物之根，受自然滋养生长，开花怒放，心的四根也需培育关照，使其足以展现本性的力量。类似的阐释，几乎已触及荣格学说中的自性与自性化过程。在陆九渊的心学体系中，已然包含核心心理学的思想。

陆九渊之后，王阳明（1472—1529）成为心学的代表人物。他发展了陆九渊的哲学，重新阐释陆九渊的著作。如同陆九渊，王阳明也认为，心即是理，心的本体便是天理。心即道，道即天，知心则知道知天。王阳明心学的主要特点，可体现为如下三个方面：（1）心外无物；（2）知行合一；（3）致良知。为此，更有其著名的“四句教”以践行：“无善无恶心之体，有善有恶是意之动，知善知恶是良知，为善去恶是格物”（《王文成公全书》卷三）。

阳明思想的形成，与被称为“龙场悟道”的故事有关。公元1508年前后，王阳明在贵州龙场度过一段特殊的时期。如苦难即自知，王阳明也获得心神转化。最初，他获梦中觉悟，“始知圣人之道，吾性自足”（《王文成公全书》卷三十二）。随后更有与友人游南镇的故事，其间一位朋友指岩中花树问：“天下无心外之物，如此花树，在深山中自开自落，于我心亦何相关?”王阳明说：“你未看此花时，此花与汝心同归于寂；你来看此花时，则此花颜色一时明白起来，便知此花不在你的心外。”（《王文成公全书》卷三）王阳明也曾将其良知的思想，整合于“静坐”方法，近于一种儒家的“沉思”与“禅修”。

贵州龙场阳明洞

陆王心学与新儒学，有着众多的追随者与广泛的影响。比如，李颙（二曲先生，1627—1705）将王阳明的“静坐”发展为静坐与静心，以及相应的超越与转化。在《二曲集》中，记录了这样一则有关李颙教授《易经》的故事。有人远来请教《易经》。李颙先生让其将书本搁置，静坐一会。然后李颙说：“今且不必求《易》于《易》，而且求《易》于己。”李颙接着说：“人当未与物接，一念不起，即此便是‘无极而太极’；及事至念起惺惺处，即此便是‘太极之动而阳’；一念知敛处，即此便是

李颙先生像

‘太极之静而阴’；无时无刻而不以去欲存理为务，即此便是‘天行健，君子以自强不息’；人欲净尽，而天理流行，即此便是‘乾之刚健中正，纯粹精’；希颜之愚，效曾之鲁，敛华就实，一味韬晦，即此便是‘归藏于坤’。亲师取友，丽泽求益，见善则迁，如风之疾，有过则改，若雷之勇，时止则止，时行则行，见险而进，知难而退，动静不失其时，继明以照四方，则兑、巽、震、艮、坎、离，一一在己而不在《易》矣。吾子其果信然乎？”（《二曲集·锡山语要》）可见，《易》理尽在心中，感应使然，有孚惠心。李颙字中孚，正是《易经》中孚卦“内在真理”的体现。在第八届心理分析与中国文化国际论坛上中，我们特意设置了一个分会，其主题就是“李颙思想与心理分析”。李颙后人（第十三代孙）与相关学者，以及国内外心理分析师参与了相关研讨。

在第八届心理分析与中国文化国际论坛之李颙先生思想研讨会上做报告(2018)

与李颙先生后人在周至李颙故居

从周敦颐到程朱和陆王，再到李颙，皆以《易经》与孔孟思想为基础。卫礼贤的老师劳乃宣也是如此。清末之际，劳乃宣属于儒学的重要代言人。劳乃宣于1861年缔姻于曲阜孔氏，与孔悦庭之女结婚。他帮助卫礼贤建立“尊孔文社”。荣格也熟知劳乃宣，将其称为中国“德高望重的圣者”（the venerable sage），认为卫礼贤“是出色的学生，完成了圣人的心愿”。如荣格所述：“这位圣者，劳乃宣，将卫礼贤引入中国瑜伽（道家）哲学和《易经》的心理学。由于他们两位的合作，我们得以看到附有精彩评论的《易经》译本。这部东方最深邃的著作首次以生动可懂的形式被介绍到西方。我将其视为卫礼贤最重要的成果。显然而确切，卫礼贤的思想曾是西方的，但在其《易经》的评论中，他所表现的对中国心理学的适应程度无与伦比。”（Jung，1950/1969c，§965；译文引自荣格，1963/1988，603页）卫礼贤为自己取名“卫希圣”，字“礼贤”，具有保卫“神圣传统”、守护“礼仪与德贤”的含义。他自称中国山东人，儒教徒。

卫礼贤在青岛，手捧《大同书》

卫礼贤在其《中国心灵》中写道：“我离开中国的时候，康有为送给我《大同书》，以及其他一些著作。临别时，这位老人给我的良好祝愿将是我一生中最珍贵的回忆。”（卫礼贤，1926/1998，63页）

卫礼贤写有一篇美妙的文章：《我在中国遇到荣格》。他在文章的开始便表明，其实荣格未去过中国，然而，他十分认真地说：“我确实在那里经常遇到他——比遇到任何一位其他欧洲人都要多。”这又怎么可能呢？卫礼贤自问自答，给出三种可能性解释：（1）瑞士的荣格转世于一位中国圣人，其所以转世为荣格，是为了纠正偏离道统的中国学术，将隐藏的古老中国智慧，在其心理学的理论中来呈现发扬；（2）在荣格和古代中国哲学之间，有一种共鸣或心灵感应，如《易经》咸卦和中孚卦的意象和寓意；（3）在中国智慧和荣格哲学之

卫礼贤一家

荣格有这样的记录："有一次卫礼贤对我说：'我真的很欣慰，因为我没有给一个中国人洗礼!'"（荣格，1963/1988，602 页）。也如卫礼贤自己所说："我有幸在中国度过了生命中 25 年光阴。像每一个在这块土地上生活了许久的人一样，我学会了爱这个国家，爱其人民。"（卫礼贤，1926/1998，序言 1 页）

卫礼贤在青岛所建的礼贤书院

间，存有共同的集体无意识源泉，而荣格通过自己内在的探索与这个源泉进行沟通。于是，卫礼贤认为，若能努力至深，从任何一种角度，真理都能被触及。瑞士的荣格与中国古代圣人的这种一致性表明，两者都已触通同样的真理源泉（Wihelm，Jan. 21，1929）。在我看来，荣格会十分欣慰看到卫礼贤将其形容为中国圣人的化身。从其分析心理学的角度，卫礼贤所描述的这三种可能性同时存在，其中正是感应的力量，以及“中孚卦”的真实体现，同时也是命运使然和使命所在。①

周敦颐以及新儒学（包括理学与心学）代表人物，及其发展者，均以心和心性作为其思想体系的核心。“仁”为儒家四端之首，其篆体如，具有人（左边字符）在天（右边之上的字符）地（右边之下的字符）之间的寓意。这也正是荣格所用《易经》“三才”的象征意义。由此，仁也具有《易经》乾卦“元亨利贞”之“元”的寓意。“元”之篆体（）上面的符号，仍然是天与地的意象，而“人”则在其下，包含“仁”的寓意。卫礼贤将“元”翻译为“庄严”和“崇高”（sublime），并解释说：“《易经》之‘四德’（元亨利贞）的特殊意义起源甚早。‘元’之‘崇高’本义为‘首’‘始’和‘大’。这也是孔子之所以解释为‘大哉乾元，万物资始，乃统天’。”（Wilhem & Baynes Trans.，1967，p. 4）但是，在甲骨文中，还有“仁”的另一种形式：。其上面的字符为“身”，下面是心的意象。可见，被我们称为“仁”的汉字，本来就寓意身心合一。对于深度心理学来说，这是何等生动与富有深意的原型意象！

仁义礼智之“仁”，或元亨利贞之“元”，作为《易经》与儒家的第一原理，本来就建立在心的特殊意象之上，寓意心灵的特殊境界。正如孟子所言：“仁义礼智根于心。”“尽其心者，知其性也。知其性，则知天矣。”（《孟子·尽心上》）这也便是忠恕之道的意义，儒家心法之所在。

---

① 实际上，不止卫礼贤一人认为荣格是“中国人”。易学家刘大钧访问荣格家乡波林根之后，深情地对我说：“荷永，荣格肯定是中国大儒转世。”伊利亚德，20世纪最著名的宗教学者之一，在其自传中深情表达，爱诺思从一开始便让其心旷神怡。在他看来，爱诺思属于当代西方世界最具创造性的文化体验，并将其与意大利的文艺复兴，以及德国的浪漫主义运动相提并论。伊利亚德曾这样回忆其第一次在爱诺思遇到荣格时的印象：“半个小时的谈话之后，我感觉我是在听一位中国智者说话，或像一位东欧的农民，依然植根于大地母亲，同时又接近天堂。”（Eliade，1982，pp. 162 – 163）于是，卫礼贤说在中国遇到荣格，荣格说卫礼贤简直就像中国人。而荣格和卫礼贤，在许多人的心目中，也确实为中国文化的化身。

第二届心理分析与中国文化国际论坛与会者合影（2002）

第三节　心斋：惟道集虚

老子在《道德经》中提出“虚其心”（第三章）的主题，并用不同的形式表达类似的思想，比如“心善渊”（第八章）、“为天下浑其心”（第四十九章）。对于老子来说，上善若水，其中亦有心的品德，空然湛静，深邃致远。可见，老子用“虚”来描述心的本性，以及道的表现。

老子所用的汉字“虚”，其篆体如。它的本义为大，为高地，亦有事天的象征。老子所说“虚其心”，传达着一种虚空中的真实意象。由此，“虚心”作为一种美德，成为中文中的常用语。对于道家哲学来说，“虚”的意象，正是“包含”与“包容”的象征。借用荣格的术语，在心理分析中，心，如“虚其心”的形容，乃为最重要的“容器”。

在老子《道德经》中，“虚其心”的意象，有时也被描述为“谷神”的意象。比如，在第六章中，老子说：“谷神不死，是谓玄牝。玄牝之门，是谓天地根，绵绵若存，用之不勤。”荣格在《意象研讨》[①] 中，用此句来解释超越性功能：“老子，生活于公元前6世纪，常说道的阴性，视其为母。他也称道为谷神；就其本性而言，老子说，道如水，‘上善若水。水善利万物而不争，处众人之所恶，故几于道’。”（Jung，1930－1934/1997，p. 264；另见 Jung & Foote，1976）在《伊涌：自性现象学研究》中，荣格说：“因此，古人常用水来作比喻，一个恰当的例子就是‘道’，阴阳在‘道’中合一。‘道’是‘谷神’，‘道之在天下，犹川谷之于江海’。”（Jung，1951/1979，§281）

老子骑牛图（明代张路）

老子像（唐代吴道子）

荣格在爱诺思东西方文化圆桌会议上的第一次演讲，题为《自性化过程研究》（1933）。他是以老子《道德经》第二十一章开始的（Jung，1981a，§525）：

> [孔德之容，惟道是从。]
> 道之为物，惟恍惟惚。
> 惚兮恍兮，其中有象；
> 恍兮惚兮，其中有物；

① 荣格《意象研讨》系列讲座，以其病人克里斯蒂安娜·摩根（Christiana Morgan）为例。摩根是美国哈佛大学精神分析师，与默里（Henry Murray）一起，首创了“主题统觉测验”（TAT）。

窈兮冥兮，其中有精；

其精甚真，其中有信。

自今及古，其名不去，以阅众甫。

吾何以知众甫之状哉？以此。

中国道家学者，将《道德经》的这一章命名为“虚心”（《老子河上公注》）。如其开始所言：“道之为物，惟恍惟惚。”汉字“恍”（），寓心（心与光），“惚”（）字亦然（心与忽）。

“恍惚”之道的意象，以及“夷希大道”[1] 也正是荣格所理解的道的内涵。为此，在心理分析的专业实践中，荣格以当下转化的道的原型意象，来唤醒心理分析师未知之知的意境，帮助来访者领悟集体无意识的工作方式与过程。

荣格在爱诺思东西方文化圆桌会议的首场聚会（1933）中，曾做如下开场发言：“自负而迷失的欧洲人，开始来寻求东方的芬芳……于是，我要设立一些格言作为我演讲的基础。你们不能期望我会有整洁圆滑的报告。唯有东方已获圆满：西方只是诸多不足的联结。我的格言可见《道德经》第二十章：‘唯之与阿，相去几何？善之与恶，相去若何？人之所畏，不可不畏。荒兮，其未央哉！众人熙熙，如享太牢，如春登台。我独泊兮，其未兆，如婴儿之未孩；儽儽兮，若无所归。众人皆有余，而我独若遗。我愚人之心也哉！俗人昭昭，我独若昏；俗人察察，我独闷闷。澹兮，其若海；飂兮，若无止。众人皆有以，而我独顽似鄙。我独异于人，而贵食母。’”（引自 Campell，1964；荣格所引用的《道德经》是卫礼贤的译本，下同）荣格的这番话，对于在场的每一个人，都可谓掷地有声，震聋发聩。

荣格接着说：“你们知道吗，尽管如此，我却必须寻道于东方。因为欧洲人还没有明白这里所包含的问题。答案在于《道德经》的下一章（第

① 《道德经》第十四章：“视而不见，名曰夷；听之不闻，名曰希；搏之不得，名曰微。”

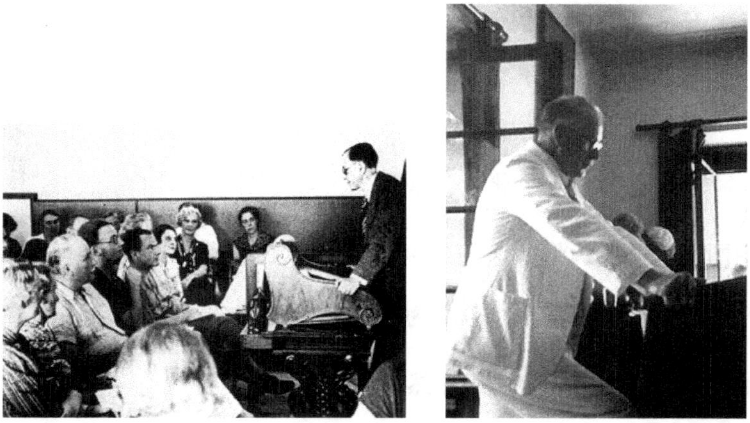

荣格在爱诺思

爱诺思之石

上面所刻拉丁文的大意为：为了此地未知的天赋。

二十一章)：‘孔德之容，惟道是从。道之为物，惟恍惟惚。惚兮恍兮，其中有象；恍兮惚兮，其中有物；窈兮冥兮，其中有精；其精甚真，其中有信。自古及今，其名不去，以阅众甫。吾何以知众甫之状哉？以此。’”这是荣格多次引用的《道德经》内容。荣格说：“我从东方学到了被表达为‘无为’的教义：‘不去做’（not-doing），并非‘什么也不做’（doing nothing），而是‘容许’（allowing）……”“主人（老子）的坦白，表达了一种心灵状态，此心态也是白人思考自身时的特征。”荣格接着说，当处阴极，其意象亦如种子，需要等待；道是唯一的路，唯其自己而已。然后，荣格才开始其《自性化过程研究》的主题报告。

如前面提到，汉字“虚”本来含有“大”的意象。因此，“虚其心”也有“大心”或“大其心”的象征意义，亦如“心善渊”，深邃广远。“大”，也是道的原型意象。

荣格在《共时性：一种非因果联系原则》中说："老子在其著名的《道德经》中这样来描述道：'有物混成，先天地生。寂兮寥兮，独立不改，周行而不殆，可以为天下母。吾不知其名，字之曰道，强为之名曰大。'"（Jung，1952/1969d，§918；见《道德经》第二十五章）

卫礼贤在其翻译中所用的"名字"（name），在中文的用法中有"名"与"字"的区分。正如老子所说："吾不知其名，字之曰道，强为之名曰大。"比如，老子的名字叫"李耳"，其字"聃"。于是，道之"字"，被卫礼贤巧妙地翻译为"意义"（meaning），含有守"中"（mean）与执中的意象。而道之"名"则为"大"，包含"大"之简朴与深远的内涵。我们若仔细品味汉字"大"的话，或可从中有所感悟。

汉字"大"（），其甲骨文取象于"人"，站立而伸展之人，或称为"大人"。"大"之意象，看似简单，寓意非凡，具有转化与超越的意象。在此意象中，包含老子用"大"来形容道的"大象无形""大音希声"① ……由"大"及"无"（无为与无我），乃至超越与转化。若用分析心理学的语言，那么，道之"大"，如自性，唯其能容，故有容乃大；也如老子之意，唯大能化（转化）。这对于理解自性化具有深刻启示。

从《易经》中，我们可以获得"大"特别是"大人"的另一种意义，卫礼贤与荣格对此十分赞许。如《易经》所言："夫大人者，与天地合其德，与日月合其明，与四时合其序，与鬼神合其吉凶。"② 我们一向将其作为中国哲学中的自性化描述。

在一些荣格学者如冯·弗兰兹（Marie-Louise von Franz）、诺伊曼（Erich Neumann）和艾丁格（Edward Edinger）的著述中，我们也会发现

① 老子《道德经》（第四十一章）："……明道若昧。进道若退。夷道若颣。上德若谷。大白若辱。广德若不足。建德若偷。质真若渝。大方无隅。大器晚成。大音希声。大象无形。道隐无名……"

② 瑞策玛在其《易经》译著中，将"大人"注解为"为大之人"，或用荣格心理学的语言来表达：自我服从自性这一无我的境界。

所引用的观点与中国哲学经典不完全一致。比如，前面提到荣格所引用的《道德经》第二十五章，只是这一章的前半部分，后面的内容是这样的："大曰逝，逝曰远，远曰反。故道大，天大，地大，王亦大。域中有四大，而王居其一焉。人法地，地法天，天法道，道法自然。"

如果我们试图将此纳入分析心理学的体系，那么可以这样表达：道之大，犹如自性，大写的自我，唯大能容，正如中国谚语"有容乃大"。然而，老子的思想也有这样的内涵：唯大始能转化。这对于我们理解自性化有着深刻的启示，包括由于来访者无法接受其在生活中发挥大气的能力，而阻碍自性化的进程。

老子所说的"虚其心"，或"心善渊"，在庄子的思想中获得回响与发展。如我们前面所叙述的庄子《人间世》中的"心斋"："若一志，无听之以耳而听之以心，无听之以心而听之以气……气也者，虚而待物者也。惟道集虚。虚者，心斋也。"

荣格非常喜欢老子与庄子。在其著述中，荣格几乎引用了《道德经》的所有内容。荣格说："道的状态就是世界之初，事物还无所谓始，唯有超然的智慧始能把握。阴和阳两极对立统一的原则，正是一种原型意象。"（Jung，1936/1977c，§262）

在森林中获得"心斋"体验之后，我从庄子那里又获得一些方法上的启示，并将其融入心理分析的实践之中。比如，庄子第一章《逍遥游》，描述了得道者或圣者的心境：真人真心，自由自在，涵容万物。第二章《齐物论》，从"吾丧我"之自性觉醒开始，以人籁与地籁衬托天籁的心灵境界，唯其自己，唯心能悟，唯悟能化，如庄周梦蝶。第三章《养生主》，其中"庖丁解牛"，就是对心理分析的最佳演绎。第四章《人间世》，除了阐释"心斋"或"惟道集虚"之心法，庄子还描述了"虚室生白，吉祥止止"的心境及其意义，进而发挥"形莫若就，心莫若和"的方法。同一章中，庄子讲述了有关"栎社见梦"的故事。冯·弗兰兹在《自性化过程》一文中引用并解读了庄子这一故事的心理分析启示："其中包含必须反复寻找未知的过程。指引的线索与动能并非来自自我，而是源于心灵的整体性，也即自性。”（引自 Jung，1964/1988，p. 164）第五章《德充符》，其主题内涵即为“德”（直心谓德［悳］）充于内，而符应（应之于心）于外。故有“游心于德之和”以及“游心于虚”的教诲与启示。第六章《大宗师》，描述了真人的心灵境界：“心既虚寂，万境皆空”，故能有“坐忘”。真心所在，如“吾丧我”，正是心理分析之自性化体现。第七章《应帝王》，主题中同样包含“虚其心”以及“惟道集虚”的道理。其中“至人之用心若镜，不将不迎，应而不藏，故能胜物而不伤”，全然可为心理分析的方法与技术。“浑沌”[①] 的故事也出自《应帝王》，这正是无意识之原型意象的绝妙例证。这便是著名的《庄子》“内七篇”，学者相信均为庄子本人的著述。

庄子（玄门十子图，元代华祖立）

荣格对于道家哲学充满热情与期望，并将其整合于分析心理学体系，正如荣格努力发挥的“用心去听”“用心去看”，以及用心来获得洞察与领悟。管子的思想也被纳入道家传统，其中类似的心法被称为“心术”。管子即管仲，是春秋时期杰出的思想家，齐桓公拜其为相。孔子对于管仲多有赞美，如：“微管仲，吾其被发左衽矣。”（《论语・宪问》）尽管多认为《管子》成书于公元前 4 世纪，主要与当时齐国国都临淄的稷下学宫有关，然而其中著名的“四篇”则很有可能是管仲本人的著述。这著名的“四篇”即《心术》上下（第三十六章和第三十七章）、《白心》（第三十八章）和《内业》（第四十九章）。我们可以从其《心术》中，读到充满心理分析意义的论述：“心之在体，君之位也。九窍之有职，官之分也。心处其道，九窍循理。”

① 《庄子・应帝王》：“南海之帝为儵，北海之帝为忽，中央之帝为浑沌。儵与忽时相与遇于浑沌之地，浑沌待之甚善。儵与忽谋报浑沌之德，曰：‘人皆有七窍以视听食息，此独无有，尝试凿之。’日凿一窍，七日而浑沌死。”

于是，“心术者，无为而制窍者也”。可见，《心术》之心，具有心灵的自主性，具有超越性。“心也者，智之舍也。”

对于管子来说，心是其思想的核心概念，心如自性，自充自盈，自生自成。“灵气在心，一来一逝。”“心能执静，道将自定。”（《管子·内业》）在《内业》篇中，我们还可以感受心与道的密切关联：“凡道无所，善心安爱，心静气理，道乃可止。”“修心静音，道乃可得。”“道也者，口之所不能言也，目之所不能视也，耳之所不能听也，所以修心而正形也。”心中自有道的体现。亦如管子之言：“治之者心也，安之者心也；心以藏心，心之中又有心焉。”

管子像

荣格在其著作中，曾经多次试图解读道的意义。比如，在《〈金花的秘密〉评论》中，荣格说：“在西方人的头脑中，根本就没有道这个概念，‘道’这个汉字是由‘首’和‘走’组成的，卫礼贤译为 sinn（意义），也有人译为 way（道路）、providence（天道、天命），甚至有人译为 God（上帝），如耶稣会会士就是这样译的，由此可见翻译的难度。‘首’可以引申为意识（天光之居所），‘走’可以视为沿着某条道路而行。这样，道的含义就应该是：有意识地行进，或者是自觉的道路。‘天光’（the light of heaven）也常用作道的同义词。‘天光’与‘天心’（the heart of heaven）一样，‘居于两目之间’，性命就包含于‘天光’之中。根据柳华阳的说法，性命是道之精微所在。这里‘光’象征着慧（意识），所以慧的性质就可表达成与光类似的东西。《慧命经》的引子是一首诗：‘欲成漏尽金刚体，勤造烹蒸慧命根。定照莫离欢喜地，时将真我隐藏居。’”（Jung，1929/1983，§28）

在《塔维斯托克讲座》之第二讲中，关于中国哲学，荣格有这样的描述：“中国哲学家并非愚笨。我们可能认为古代人都很蠢，但他们与我们一样有智力。他们正直且有智慧，心理学可以从古代文明，尤其是印度和中国文明中，获得无限的灵感……不列颠人类学会的一位前任会长曾问我：‘你能理解为什么像中国人这样一个如此智慧的民族却没有能发展出科学吗？’我回答说：‘这肯定是一个错觉。因为中国的确有一种科学，但你无法理解。其并非以因果关系为基础，因果关系并非唯一原理，只是相对有效。’”（Jung，1936/1977c，§141）

荣格接着说：“东方人的思维与他们对事实的评价是建立在另一种原则之上的。对于这种原则，我们甚至没有相应的称谓。东方人当然有表示它的词，可我们并不懂得这个词。东方的这个词就是‘道’。”（§142；译文引自荣格，1991，72页）

接着，荣格借用麦独孤，给大家讲述了这样一个故事（§142；译文引自荣格，1991，73页）：

> 我的朋友麦独孤有一名中国留学生，他曾问这个学生：“‘道’这个字的确切意思是什么？”这种提问真是典型的西方思维方式！
>
> 这位中国学生向他解释了“道”的含义。他回答说：“我还是不懂。”
>
> 这位学生于是走到阳台并问道：“从这里你看到什么？”
>
> “我看到街道和房屋，还看到过路的行人和来往的车辆。”
>
> “还有呢？”
>
> “还有一座山。”
>
> “还有呢？”
>
> “还有吹拂的风。”
>
> 这中国学生挥动手臂说：“那就是‘道’。”

英国心理学家麦独孤
（1871—1938）

显然荣格很喜欢这个故事。这真的是一个好故事，简明而生动。荣格说：“你终于明白，‘道’可以是任何东西。我用另外一个词去指称它，但仍嫌这个词不够味。我把‘道’叫作‘共时性’。当东方人察看由很多事实组成的集合体时，他们是将其作为一个整体来接受的，而西方人的思维却将其分解为很多实体与微小的部分。”(§143；译文引自荣格，1991，73 页)

荣格接着说：“如果我们把‘道’放到方法或意识层面来看，那么，其中也就包含去整合那些分裂的存在，这样我们就很接近道的心理学意义。”（Jung，1929/1983，§30）荣格认为只有两种选择，一是实现隐藏在无意识中的对立，这也就是《金花的秘密》中所说的“回光”，即返璞归真于我们内在的无意识法则。而这种返璞归真的目的，是要获得自觉的生命，或者，用《金花的秘密》中的中文术语，实现道或道的实现。在其《儿童的心灵冲突》一文中，荣格说：“我们未发现的内在血管是心灵的生命线。经典中国哲学将这内心途径命名为‘道’，将其比喻为注定入海之河流。至于道意味着圆满、完整，达到目的，完成使命；自始至终，完美实现天赋价值和意义。人格即道。”（Jung，1946/1981c，§23）

对于荣格心理分析师来说，“求雨者”(rain-maker) 的故事可谓人人知晓。最初，这故事是卫礼贤告诉荣格的。荣格在其 1939 年的《意象研讨》讲座中这样说：“举一个‘入道’及其共时性效应的例子，我将引用卫礼贤告诉我的胶州求雨者的故事：‘卫礼贤生活的地区发生了严重的干旱，数月没有下一滴雨，情况近于灾难。天主教徒做了游行，新教徒做了祈祷，当地中国人焚烧祭拜，并用枪炮想吓跑旱鬼，但都没有效果。最后，有位中国人说：‘我们要去请求雨者了。’于是，从外省来了一位干瘪的老头。他只要求一处安静的茅屋，将自己锁在里面三天的时间。到了第四天，乌云密布，下起暴雪。那里没人想到这时节会下雪。事情非同寻常，有关求雨者的消息不胫而走，卫礼贤

青岛礼贤书院

赶去询问他是如何做到的。他以典型的欧洲风格问道：‘他们称你为求雨者，你能告诉我你如何造雪的吗？’这位中国老头说：‘我没有造雪，下雪不关我事。’卫礼贤接着说：‘那你这三天都做什么了呢？’‘噢，这我可以解释。’这老头说，‘我来自有序之乡。这里杂乱无章，触犯天条。于是，国已失道。由于我在失道之国，我也有失本然。所以我只有等待三天，直到我回归于道，这样雨自然就下了。’”荣格接着解释说：“最初的灾难情景，要么是由于失去福神的保佑或者是出现恶神，要么是由于人类的疏忽、愚蠢或亵渎神灵所带来的异化，或者（如道家观点）是某种特殊的原因使得天地不交。那么，唯有当智者（求雨者）通过入静（沉思、冥想）仪式重建自身与道的关系时，天地才能复交，才能如愿得雨。通过这种方式，求雨者将自己内在的天地带入和谐。”（引自 Jung，1955－1956/1977b，§604，n. 211）荣格经常使用求雨者的故事，比如在其《神秘参与》中，用它来说明“共时性”与“感应”。

与“求雨者”故事有关的即墨古城

芭芭拉·汉娜曾在其《灵性接触：荣格发展的积极想象》中这样来描述她对“求雨者故事”的感受和理解：“荣格曾对我说：‘不讲述求雨者的故事，就不要办积极想象的讲座。’在荣格去世前的那个圣诞节，他参加了心理学俱乐部的晚宴，他又一次对我们这样说。当时屋子里所有的人都早已熟知这求雨者的故事，但是，当荣格再次强调之后，整个晚宴的气氛即刻发生了变化。我感受到，以前从未有这样的感觉，荣格为什么总是要我重复求雨者的故事。”“如果积极想象似乎是一种你能够使用的方法，如果你能相当肯定，你从事积极想象的真正动机是为了获得对自己的更多认识，以及认识人类的未知部分，那么，首先要做的，便是要充分认识，使用荣格的积极想象要遵从于中国求雨者的原则。”“积极想象的最高发挥，就像这求雨者，是使我们自己与道保持和谐。”（Haanah，1981，pp. 13－14）

于是，在这求雨者的故事中，就不仅仅是“无为”，而且是“为无为”，更是“无为而无不为”。荣格借《金花的秘密》来阐释其“积极想象”的意义：“为了获得自身的解放，这些人究竟都做了些什么？就我所知，他们什么也没有做（无为），而只是让事情自然地发生，正如吕祖所传授的那样，如果一个人不放弃自己的俗务常事，光就依其自然的规律运转。让一切顺其自然，无为而为，随心所欲，这与艾克哈特①的学说也有异曲同工之妙。这些成了我打开这扇大门的钥匙。在心灵方面，也一定要顺其自然。对我们来说，这的确是一种鲜为人知的技艺。”（Jung，1929/1983，§20）中国文化传统将此称为“精诚所至，金石为开”。在“求雨者”的古诗中，我们可以感受老子“虚其心”和庄子“心斋”的意义、核心心理学之感应心法，以及《易经》中孚卦之“内在真理”。

荣格所收藏的
《金花的秘密》德文版

在第三届心理分析与中国文化国际论坛（2006）上，我做了《〈金花

① 艾克哈特（Meister Eckhart，约1260—约1328），中世纪德意志神秘主义哲学家和神学家。他认为上帝即万物，万物即上帝，人的灵性与神性相通，是神性的微弱“闪光”，甚至说人高于天使。通过自己的灵性，人即可与上帝合而为一，与万物混成一体，获得真正的自由。

的秘密〉与荣格积极想象》主题报告。“求雨者”的故事与寓意、道家传统与《金花的秘密》是其中的主要内容。

在第三届心理分析与中国文化国际论坛上做
《〈金花的秘密〉与荣格积极想象》主题报告，约翰·比毕主持（2006）

第三届心理分析与中国文化国际论坛主要组织者

左起：乔·凯布雷、申荷永、克里斯蒂安·盖拉德（Christian Gaillard，IAAP 主席）、茹思·安曼（ISST 主席）、默瑞·斯丹。

卫礼贤与荣格将《太乙金华宗旨》翻译为《金花的秘密》（*The Secret of the Golden Flower*），但这似乎只是翻译了其中的“金华宗旨”或“金华秘旨”，而其中的“太乙”，则有意或无意地隐去了，隐为《金花的秘密》中的某种奥秘。那么，太乙何谓也？第一，“太乙”为大道（或太一、大一）。第二，“太乙”意为天机，最初的原创力。“太”为大，为泰，为天；“乙”含“几”，音同“一”，为种子抽芽，为最初的生气勃发。第三，“太乙”蕴含“先天之真气”，或称“元炁”。第四，“太乙”为“天心”，为“祖窍”，为“北斗”。心即北斗，气即群星。第五，“太乙”即原始初迹，天心所在。由此我们就可以理解《太乙金华宗旨》第一章的标题：“天心第一”。

因此，若我们寻回其中本来的意义，那么，《金花的秘密》所包含的秘密便是“金花秘密中的天心”，或者“天心中的金花秘密”。

尹喜（玄门十子图，元代华祖立）

2018 年第八届心理分析与中国文化国际论坛，我们邀请了中国道教协会会长任法融道长参加。在楼观台（著名道观，是道教七十二福地之首，也是老子讲经处），我们与任法融道长一起讨论荣格与道、荣格心理分析与核心心理学。任法融讲述了有关尹喜在函谷关留住老子，随后在楼观台结草为楼，恭迎老子讲经著书的故事。尹喜自己留有道家重要著作：《无上妙道文始真经》。在其著作中，尹喜表示：“心既未萌，道亦假之。”亦如：凡道无所，善心安爱。

在楼观台，有老子手植的两棵数千年银杏树。我讲述了荣格家花园中源于中国的银杏树的故事，尤其是荣格将自己用中文刻制的纪念托妮·沃尔夫（Toni Wolff）的石碑，也放在了这棵银杏树下。我们也讨论了庄子《人间世》中的“大树”以及冯·弗兰兹在《自性化过程》一文中的反思。

楼观台老子手植银杏树

楼观台老子像

荣格家花园中的银杏树

这是荣格学院的学生从中国购买的，以作为荣格的生日礼物。荣格将纪念托妮·沃尔夫的石碑置放在这棵银杏树下。石碑的正面刻有“朵ബ犲尼赜”五个汉字（第二个汉字为荣格自创）。石碑的后面，荣格用拉丁文刻了这样一段话：“献给祖先的灵魂，银杏树的神性，卡尔·古斯塔夫·荣格1956年刻制此石并置放于此。”

任法融非常喜欢荣格以及荣格心理分析。他知道荣格自传《回忆·梦·思考》，并为其留下的最后话语而感动：“当老子说‘俗人昭昭，我独若昏’的时候，他所表达的就是我在此老年时的实际感受。老子是有着卓越洞察力的代表，他看到并体验到了价值与无价值，而且在其生命行将结束之际希望复归其本来的存在，复归到那永恒的、不可知的意义……事实上，我的那些对此世界的疏远感，仿佛已经转移进了我的内心世界，呈现出一种‘吾丧我’的感觉。”（Jung，1963/1989，p. 359）①

这便是荣格一生的写照，也是其自性体验与自性化过程的体现。在此，我们可以再来感受一下老子《道德经》第二十一章中的“虚其心”，荣格将其作为爱诺思东西方文化圆桌会议第一讲《自性化过程研究》的开始：

老子
（玄门十子图，元代华祖立）

孔德之容，惟道是从。

道之为物，惟恍惟惚。

惚兮恍兮，其中有象；

---

① 荣格所引用的应是《老子》第二十章的内容：“……荒兮，其未央哉！众人熙熙，如享太牢，如春登台。我独泊兮，其未兆，如婴儿之未孩；儽儽兮，若无所归。众人皆有余，而我独若遗。我愚人之心也哉！俗人昭昭，我独若昏；俗人察察，我独闷闷。澹兮，其若海；飂兮，若无止……”

恍兮惚兮，其中有物；

窈兮冥兮，其中有精；

其精甚真，其中有信。

自今及古，其名不去，以阅众甫。

吾何以知众甫之状哉？以此。

其中所包含的，正是道家核心心理学的传统：道家心法。

在第八届心理分析与中国文化国际论坛之楼观台

“道与心理分析”特别研讨会上，与任法融道长座谈（2018）

第四节　明心见性：佛家觉悟

中国禅宗，本为“心宗”，秉承“以心传心”与“明心见性”的传统，包含核心心理学的启示与意义。

荣格曾引用禅宗缘起的故事：“东方的作者们自己承认禅源于佛陀拈花微笑的公案。灵山会上佛陀拈花示众，不发一言。只有大迦叶领会了佛陀之意。”（Jung，1950/1969c，§877）就在那一刻，当大迦叶露出微笑之时，世尊说：“吾有正法眼藏，涅槃妙心；实相无相，微妙法门；不立文字，教外别传；付嘱摩诃迦叶。”[①] 由此，我们可以想象“拈花微笑”中所

① 《五灯会元》（卷一）和《禅宗正脉》（卷一）及《无门关》（第六）等记载：“世尊在灵山会上，拈花示众。是时众皆默然，唯迦叶尊者破颜微笑。世尊曰：‘吾有正法眼藏，涅槃妙心；实相无相，微妙法门；不立文字，教外别传；付嘱摩诃迦叶。’”

包含的“种子”与“萌芽”：“核”与“心”的意象与意义。就原型意象的水平而言，这花，世尊手中之花，也正是“心花”，犹如金花的秘密之“金花”，以及分析心理学的“灵魂之花”。

第七届心理分析与中国文化国际论坛召开期间，国际分析心理学会主席汤姆·凯利和玛丽安·穆勒等，访问华林寺并与方丈释光明等座谈（2017）

菩提达摩之《达摩血脉论》中有如下影响深远的论述：“心即是佛，佛即是心。”慧可（487—593），达摩的继承者，禅宗二祖，也曾对僧璨（禅宗三祖）说：“是心是佛，是心是法。”（《五灯会元》卷一）

根据禅宗的传承，大迦叶从世尊获得心法已属禅宗的发展。其在涅槃之前，选择鸡足山，守衣入定，等待弥勒佛。“鸡足山”本身就是一种意象，我们可以对此故事与传说，进行禅思与积极想象。

据传，菩提达摩在公元475年来到中国，传授“安心禅法”，被称为禅宗始祖。他先到广州，建有西来庵（华林寺），然后北上建康（南京），最后入住河南少林寺。

《碧岩录》和《五灯会元》中有达摩东渡传法的故事，以及对其心法

慧可断臂图（雪舟等杨，1496）

雪舟等杨（1420—1506），俗姓小田，名等杨，法号雪舟，日本汉画、山水画集大成者，被尊称为日本“画圣”。

教授的著名形容：“不立文字，教外别传”；“直指人心，见性成佛”。荣格读过《碧岩录》和《五灯会元》，并在其著述中多次引用，讲述达摩的故事及其影响。如荣格在其《铃木大拙〈禅宗导论〉序言》中，讨论禅的寓意时，有这样的注释：“禅宗东土初祖菩提达摩说：‘诸佛无上妙道，旷劫精勤，难行能行，非忍而忍。岂以小德小智，轻心慢心，欲冀真乘，徒劳勤苦。’”（Jung，1939/1969b，§898，n. 35）

有关禅宗二祖慧可，有这样动人的传说。

为求拜在菩提达摩门下，慧可在大雪纷飞的夜晚，连续在达摩隐居的山洞外站立，雪深及腰。达摩见状询问慧可为何如此。慧可回答：“我心未宁，乞师与安！”

此刻，达摩说：“将心来，与汝安。”

慧可沉吟良久说：“觅心了不可得。”

达摩对其说：“我与汝安心竟。”（《景德传灯录》卷二十）

菩提达摩接受了慧可，传其衣钵，慧可成为禅宗第二代祖师。

达摩与慧可（戴进）

戴进（1388—1462），字文进，号静庵、玉泉山人，浙江杭州钱塘人，明代画家，“浙派绘画”创始人。

僧璨（约 510—606）是中国禅宗三祖。据《景德传灯录》（卷三十）记载，当初僧璨相遇慧可，留下这样一段禅宗公案。

僧璨求问：“弟子身缠风恙，请和尚忏罪。”

慧可说："将罪来与汝忏。"

僧璨静默许久说："觅罪不可得。"

慧可说："我与汝忏罪竟。宜依佛法僧住。"接着，慧可告诉僧璨："是心是佛，是心是法，法佛无二，僧宝亦然。"

僧璨撰写了著名的禅宗经典《信心铭》。其中僧璨说："信心不二，不二信心。言语道断，非去来今。"

慧可与僧璨（戴进）

僧璨与道信（戴进）

僧璨之后有道信（580—651），为禅宗四祖。同样，道信与僧璨，也有美妙的相遇故事。年轻的道信前来拜师，对僧璨说："愿和尚慈悲，乞与解脱法门。"

僧璨说："谁缚汝？"

道信答："无人缚。"

僧璨说："何更求解脱乎？"（《五灯会元》卷一）

由此，道信大悟。太宗皇帝给予道信"大医禅师"的名号。禅中寓医，医治心灵。道信重视禅定与观心，其有《入道安心要方便法门》，主张：念佛即是念心，求心即是求佛。

大医道信将禅法传于弘忍（602—675），也就是禅宗五祖。弘忍与道信相遇在黄梅途中。道信问其姓名："子何姓？"尚属孩子的弘忍即答：

“姓即有，不是常姓。”道信好奇，继续问这孩子：“是何姓?”弘忍答：“是佛性。”道信接着问：“汝无姓邪?”弘忍道：“性空，故无。”（《六祖坛经·付嘱品第十》）多么美妙的故事！这也正是禅心的体现。弘忍的思想记录在其教授禅法的《修心要论》中，他发展了中国禅宗以心传心的传统。四祖道信与五祖弘忍，开启了黄梅“东山法门”。

道信与弘忍（戴进）

弘忍与惠能（戴进）

弘忍将衣钵传于惠能（638—713），也就是禅宗六祖。由《六祖坛经》之《行由品第一》，我们知道惠能初闻《金刚经》之“应无所住而生其心”深受触动，即刻决定赶赴黄梅。

《金刚经》又名《金刚般若波罗蜜经》，以“戒、定、慧”为要旨，蕴含布施、持戒、忍辱、精进、禅定和般若，寓意精进、智慧和超越。

> 如是我闻。一时，佛在舍卫国祇树给孤独园，与大比丘众千二百五十人俱。尔时，世尊食时，著衣持钵，入舍卫大城乞食。于其城中，次第乞已，还至本处。饭食讫，收衣钵，洗足已，敷座而坐。时，长老须菩提在大众中即从座起，偏袒右肩，右膝著地，合掌恭敬而白佛言：“希有！世尊！如来善护念诸菩萨，善付嘱诸菩萨。世尊！善男子、善女人，发阿耨多罗三藐三菩提心，应云何住？云何降伏其心？应如是住，如是降伏其心！（《金刚经》）

“应云何住？云何降伏其心？应如是住，如是降伏其心！”其中不仅蕴含对惠能法师的启迪，同样包容核心心理学的要义：治愈与转化的心法。

泰山经石峪的《泰山佛说金刚经》

泰山的经石峪是国内最大的佛教摩崖石刻，在泰山斗母宫附近的山谷溪床上，刻有《泰山佛说金刚经》，藏于水下约千年，山泉改道始显真容，雄浑古穆，气韵天然。

五祖弘忍初见惠能时问他：“汝何方人？来此山礼拜吾，汝今向吾边复求何物？”

惠能对曰：“弟子是岭南人，新州百姓，今故远来礼拜和尚，不求馀物，唯求作佛。”

五祖责问惠能：“汝是岭南人，又是獦獠，若为堪作佛？”

惠能曰：“人即有南北，佛性即无南北，獦獠身与和尚不同，佛性有何差别？”

随后，惠能在寺院破柴踏碓，辛苦劳作数月。一天，五祖弘忍对众人说：“吾向汝说，世人生死事大，汝等终日只求福田，不求出离生死苦海。自性若迷，福何可救？汝等各去自看智慧，取自本心般若之性，各作一偈，来呈吾看，若悟大意，付汝衣法，为第六代祖。……”

神秀（606—706）呈出他的理解：

身是菩提树，

心如明镜台。

时时勤拂拭，

勿使惹尘埃。

神秀后来开创禅宗的北宗，弘扬禅法，著有《观心论》，以“心体清净，体与佛同”立论，主张以“坐禅习定”“住心看净”为教法。[①]《景德传灯录》（卷四）记有神秀法语：“一切佛法，自心本有；将心外求，舍父逃走。”这一法语一向被认为是北宗禅风的体现，亦是以心为本，传达禅宗心法。

惠能闻知神秀之作，让人帮助书写了如下表达：

菩提本无树，

明镜亦非台。

本来无一物，

何处惹尘埃？

五祖弘忍深知其中见地，遂邀请惠能来到方丈室，传授其《金刚经》。至“应无所处而生其心”，惠能大悟：“一切万法，不离自性。”于是，惠能对五祖说：

何期自性本自清净！

何期自性本不生灭！

何期自性本自具足！

何期自性本无动摇！

何期自性能生万法！

---

① 张说《大通禅师碑》：“尔其开法大略，则专念以息想，极力以摄心。其入也，品均凡圣；其到也，行无前后。趣定之前，万缘尽闭；发慧之后，一切皆如。”神秀弟子普寂、降魔藏将其发展为“凝心入定，住心看净，起心外照，摄心内证”之说。

此时，得见惠能本性显现，五祖说：“不识本心，学法无益。若识本心，见自本性，即名丈夫、天人师、佛。”

随后，五祖作偈云：“有情来下种，因地果还生；无情既无种，无性亦无生。”五祖接着对惠能说：“昔达摩大师，初来此土，人未之信，故传此衣，以为信体，代代相承。法则以心传心，皆令自悟自解。自古佛佛惟传本体，师师密付本心。”

与国际分析心理学会副主席
乔治·霍根森（Goerge Hogenson）
在黄梅五祖寺（2017）
乔治·霍根森自认为是佛教徒。

国际意象体现学会筹备会议与会者
在南华寺，与方丈释传正（2006）

国际意象体现学会筹备会议与会者
在南华寺卓锡泉（2006）

1994年，托马斯·科兹、珍·科兹、默瑞·斯丹和简·斯丹代表国际分析心理学会访问中国。我们一起在华南师范大学做分析心理学专业研讨，特别讨论了如何将荣格的“Self”概念翻译为中文。我回应说：“正是由于受惠能法师的启迪，我们选用了‘自性’。”

汉字“自性”(自性)，别有一番寓意。“自”，自性、自我以及自己之自；“性”，自然、本性、本质所在。汉字“自”，本为“鼻子”的象形；而“性”则包含心与生。汉字“生”的意象，本就包含种子与心，也即萌芽与生长。

荣格在其《伊涌：自性现象学研究》中，引用惠能的思想来阐释自性与自性化的心理学。荣格说："传统大师将炼金术作品视为某种'末世'（eschatological）之中的'复苏'（apocatastasis）、原初状态的复原（周而复始）。这正是自性化过程中所发生的，或表现为基督教中的转化，或禅宗的顿悟体验（'呈现你的本来面目'），或发展的心理过程，在其中趋于完整的原初倾向成为意识的现实。"（Jung，1951/1979，§ 260）

六祖惠能（戴进）

荣格所引用的"呈现你的本来面目"，也即惠能接弘忍衣钵后的第一个公案。当惠能获得传法，告别弘忍南行，有人一路追赶，试图抢夺五祖传下的袈裟。陈慧明，曾为四品将军，率先追上惠能。惠能对他说："此衣表信，可力争耶？"慧明似有所感，作礼对惠能说："望行者为我说法。"对此，《六祖坛经·行由品第一》有详尽的描述："惠能云：'汝既为法而来，可屏息诸缘，勿生一念，吾为汝说。'明良久。惠能云：'不思善，不思恶，正与么时，那个是明上座本来面目？'"那一刻，慧明获得觉悟。

许多年后的一天，惠能去到广州法性寺（如今的光孝寺），当时有印宗法师在讲《涅槃经》。如《六祖坛经·行由品第一》所述："时有风吹幡动，一僧曰：'风动。'一僧曰：'幡动。'议论不已。惠能进曰：'不是风动，不是幡动，仁者心动。'一众骇然。"

1998 年，第一届心理分析与中国文化国际论坛召开期间，我们在光孝寺与寺院方丈释明生，以及广州大佛寺方丈释耀智等一起座谈，讨论中国禅宗与心理分析的意义。由此，我们有了《灵性：分析与体验》（第一届心理分析与中国文化国际论坛论文集；申荷永主编，2006，前言）。

第一届心理分析与中国文化国际论坛召开期间，在广州光孝寺，与光孝寺方丈明生法师、大佛寺方丈耀智法师，做“佛教与心理分析”研讨与座谈（1998）

第二届心理分析与中国文化国际论坛召开期间，部分与会者访问光孝寺（2002）

第三届心理分析与中国文化国际论坛召开期间，部分与会者访问光孝寺，与方丈明生法师等合影（2006）

连续举办了八届的心理分析与中国文化国际论坛，都有法师与佛教学者的参与和支持，如明生法师、耀智法师、传正法师、济群法师、明海法师、明向法师、仁空法师、定空法师、湛空法师、杨佛兴、陈兵等。我曾与济群法师主持戒幢论坛之“佛法与心理治疗”研讨会(已连续举办七届)，并共同主编了“佛学与心理治疗丛书”。定空法师在获得心理分析博士学位后，也成立了东方佛教心理学研究院，共同促进佛教与心理分析的发展。

第七届心理分析与中国文化国际论坛召开期间，
部分与会者访问光孝寺，在菩提树下合影（2015）

光孝寺的这棵菩提树，由印度僧人智药三藏（约 463—656）从天竺引种所植（502）。《光孝寺志》卷六曰："智药三藏持菩提树植于王园寺戒坛前志曰：'吾过后一百七十年有肉身菩萨于此树下演上乘，度无量众，复去寻流上至韶州曹溪。'"梁普通八年（527），六祖惠能于此受戒弘法，传佛心印。树后有六祖瘗发塔。

2016 年，为纪念惠能法师，广东佛教协会与光孝寺组织"禅宗六祖文化节"，我与济群法师、慧宽法师等，受邀在菩提树下对话，以"禅与身心环保"为主题。

在为铃木大拙《禅宗导论》撰写的序言中，荣格写道："禅的确是中国精神最瑰丽的花朵，它由广袤的佛教思想世界滋养而成。"（Jung, 1939/1969b, § 883）"禅表明'成为完整'在东方意义重大。沉醉于公案可能会使心脏脆弱的欧洲人的脊柱强直，或者能给心智近视的欧洲人戴上一副眼镜，于是在其认为'不起眼'之处，至少能感受到一些来自灵性体验世界的光亮，而这类体验目前尚笼罩在云雾之中……如同所有想变成现

与济群法师一起主持戒幢论坛之“佛法与心理治疗”研讨会（2015）

主持戒幢论坛之“佛法与心理治疗”研讨会（2017）

实的伟大壮举，禅需要智慧和意志力。”（§907）“无我”是禅宗实践的重要思想。荣格也将其融入有关自性与自性化过程的反思。荣格曾援引《楞伽经》，并做如此注解：“佛祖啊……祈求你给我开示那植根于心之自性（Self-nature of mind）的无我（non-ego）教义。”（§890，n. 26）荣格借用菩提达摩的禅思（“心即是佛，佛即是心”）继续表达道：“一位禅师说，心即是佛，明心见性者成佛。”（§890，n. 27）

荣格从“觉悟”的东方意象中，获得有关自性内涵与自性化意义的启示。我们知道，荣格研究瑜伽，画了许多曼荼罗，为《西藏度亡经》和

第五届戒幢论坛之“佛法与心理治疗”研讨会与会者合影（2013）

《西藏大解脱书》撰写心理学评论，并且留下《瑜伽与西方》（Yoga and the West）和《东方冥想的心理学》（Psychology of Eastern Meditation）等著述。在荣格看来，“觉悟”也即从心获得“大解脱”（Great Liberation），觉悟中包含洞察自性本质的智慧。这也是荣格所追求的超越性功能：意识冲过了自我（ego）的范围而领悟到“无我之自性”（non-ego Self）。亦如惠能法师所言：“若识本心，即是解脱。”（《六祖坛经·般若品第二》）

1935年，荣格写下影响深远的《〈西藏度亡经〉心理学评论》，他认为这部著作对其反思分析心理学非常重要。荣格说：“《西藏度亡经》这部经典不仅对研究大乘佛教的专家重要，由于其教诲切合人性，对灵魂之奥秘更有深刻洞察，因而对追求生活智慧的普通大众也是一种特别呼唤。”荣格十分坦然地表示：“自从其问世以来，《西藏度亡经》便一直是我的随身伴侣。我不仅从其中获得诸多启示和灵感，而且许多根本性的洞见也受益于此书。”（Jung，1935/1953/1969e，§813）有关的反思，帮助荣格形成其分析心理学的基石，比如集体无意识思想和原型理论。在荣格看来，《西藏度亡经》或《中阴得度》，是发展至高水平的心理境界的体现。他引用经文予以说明："知汝自身知性空虚，即为佛性。此佛性即为汝自身之意识，汝当常住此佛陀之神圣心灵状态中。"（§833；译文引自荣格，2000，5页）

随后不久，荣格写了《〈西藏大解脱书〉心理学评论》。心的寓意以及自性，是荣格理解与阐释"大解脱"的主要线索。荣格尽力要让西方人能够明了东方的心性概念，他说："我们有把握假定东方所说的'心'更多与我们所讲的'无意识'有关，而与我们所理解的心则没有多少关系（我们所讲的心几乎与意识等同）。"荣格接着这样来解释："对我们来说，没有自我（ego）的意识是无法想象的，意识被等同于意识内容与自我的关系。如果没有自我，就没有任何人能意识到任何东西。自我因此对于意识过程必不可少。然而，东方之心很容易在无我中形成意识。在其看来，意识是能够超越自我的局限的。真的，在'高层次'，自我整个消失了。"（Jung，1939/1954/1969f，§774；译文引自荣格，待出版）荣格认为，这种"无自我"的心理状态，对于西方人来说只能是无意识的存在。然而，即使是无意识的存在，其本身也具有意识的超越性。所谓的"无自我"或者说"无意识自我"，实际上已超越意识自我。这也正是心的意义和真实性。

荣格认为，其分析心理学的方法，如超越性功能和积极想象，"也许会让我们找到通向《西藏大解脱书》所指的'心'的捷径。这是一颗创造意象的心，是让统觉独具特色的所有那些模式的母体。这些模式在无意识的'心'里与生俱来，其结构性成分模式本身就可以解释为什么某些神话的主题更普遍或不那么普遍……。梦、幻想和精神病所表现出的意象与神话的主题是一致的，而当事人却对这些主题的知识一无所知，甚至也从未通过公众人物演讲，抑或是《圣经》中的象征性描述来间接性地获得任何相关知识。"（§781；译文引自荣格，待出版）尽管西文总是把中文"心"翻译为"心理"（mind），然而，心的意象和意义更为深远，更具启发意义。

荣格还认为，《西藏大解脱书》中的“三身”（法身、报身和应身），即是“彻悟之心”（All-Enlightened Mind）自身。荣格说：“‘实相’显然是指心，是最高的实在。然而在西方，无意识被认为是痴人说梦。‘见性’是指自性解脱。用心理学的语言来表述，这意味着：我们与无意识过程的关系越密切，我们自身就越会从欲望及其对立面中出离，我们就会与无意识越近。无意识的特性是一体、无限和永恒。这真的是远离冲突和痛苦束缚的自我解脱。‘由此，心的本质才会被了知。’在这里，心显然是指个体的心，也就是其心灵。只要将对无意识的理解作为其首要任务之一，心理学就能认可。”（§792；译文引自荣格，待出版）

同时，荣格认为超越意识在东方属于常见的现象，并引用《慧命经》来描述这种“见性”或“彻悟之心”（§816）：

> 不生不灭，无去无来。
>
> 双忘寂静最灵虚，海水澄清潭月溶。
>
> 一片光辉周法界，虚空朗彻天心耀。
>
> 云散碧空山色净，慧归禅定月轮孤。

虚空粉碎图

这也即《慧命经》中的《虚空粉碎图》，荣格在《〈金花的秘密〉评论》中引用了此图。

对于荣格来说，其中也包含获得“金刚体”（diamond body）的某种炼金术方法（Jung，1929/1983，§29），并且在其分析心理学体系中也得到显现：“金刚体”，以及其中的“真我”，在荣格看来，也即其分析心理学的自性。由此可见，心的本质，与自性以及自性化过程密切相关。

中文所说的“天心”，对应于西方文化中的“宇宙灵魂”（Anima Mundi）。第二十届国际分析心理学大会（日本京都，2016）以“转变中的宇宙灵魂：文化、临床与专业的挑战”为主题，并且用了源自中国禅宗的《十牛图》来表达大会主题意象。在大会组织者看来，荣格所观察到的当代人与世界灵魂的分离，到了今天愈加严重，增加了目前处于极端变化时期的世界的不确定性。这也是荣格分析心理学在当代所面临的挑战，以及应对挑战时所具有的意义。在第八届心理分析与中国文化国际论坛上，我们同样选取了禅宗的《十牛图》，来表达觉悟与自性化中的原型意象。在《十牛图》的最初文本与意象中（宋代），包含中国禅宗以心传心、觉悟于心、明心见性的传统。这也正是第八届心理分析与中国文化国际论坛所要表达的主题——“觉悟与自性化：东方与西方”的意义。

荣格在其书桌前

在荣格的书房，有许多有关佛教的著作，比如《心经》《金刚经》《六祖坛经》……荣格去世前所阅读的最后一本书，仍是《中国禅法》(*Ch'an and Zen Teaching*)①。这部著作的前三章，都是有关虚云法师所教禅法的。虚云法师 1959 年 120 岁去世。荣格读这部著作时特意让秘书写信给作者表示感谢。随后不久，该著作重印时，书的封底便印上了这样一段话：“在冯·弗兰兹写给作者陆宽昱的一封信中（1961 年 12 月 12 日），我们了解到，这是荣格去世前躺在床上仍然在读的书，并让其秘书写信给作者，表达其对虚云法师的感激。”

荣格的书房，有一幅“水月观音”

荣格密室的书桌，面对一尊佛像

① 作者陆宽昱（Charles Luk，1898—1978），虚云俗家弟子，旅美华裔居士。

默瑞 · 斯丹在第二届心理分析与中国文化国际论坛上介绍《中国禅法》（2002）

第三届心理分析与中国文化国际论坛之“佛教与心理分析”专场研讨现场（2006）

在第一届、第二届和第三届，以及随后连续数届的心理分析与中国文化国际论坛上，我们都有关于佛教禅宗的座谈与交流。我们还访问了光孝寺、国恩寺和南华寺等，以表达我们对惠能法师和虚云法师的尊敬，以及从禅宗所获得的启发。从惠能法师到虚云法师，其禅法的奥秘，犹如禅之缘起的灵山法会、世尊之拈花微笑，正是以心传心，明心见性。灵山法会，俨然未散。

济群法师在第四届心理分析与中国文化国际论坛上做大会主题报告（2009）

济群法师、耀智法师在第八届心理分析与中国文化国际论坛上做大会主题报告（2018）

南华寺六祖真身

虚云老和尚法相

南华寺虚云塔

第五节　心药：五行心意

有这样一句谚语："心病还须心药医。"所谓"心病"，可以涵盖如今所称的任何一种神经症或心理疾患。在《易经》中，有对"心病"现象，以及相应"心药"意义的描述，比如坎卦。据《易传·说卦》对坎卦意象的解释，"坎为水……其于人也，为加忧，为心病"。卫礼贤这样解释说："在人世间，坎代表心。灵魂锁在了身体中，光的原则封闭于黑暗……这便是其中的原因。"（Wilhelm & Baynes Trans., 1967, p. 115）也如《易经》坎卦卦辞所言："习坎，有孚，维心亨，行有尚。"这也正是"心药"所在。

中国哲学素有"心主神明"之说，这也是中医的基本原理，源自《黄帝内经·素问·灵兰秘典论》。《黄帝内经》是中医最早与最重要的经典。《黄帝内经》以心为原理与方法，其中记载："心藏神。"（《素问·宣明五气》）"心者，生之本，神之变也。"（《素问·六节藏象论》）"心者，神之

舍也。”（《灵枢·大惑论》）

《黄帝内经》以黄帝与岐伯等的对话讨论医学与养生的形式成书，包括《素问》和《灵枢》两部分，共18卷162篇。相传岐伯为上古医家传人，黄帝在崆峒山问道于广成子时，得知岐伯并聘为大臣，于是成就古中医的岐黄传统。

《黄帝内经》线装本

轩辕黄帝像（汉砖）

天师岐伯像

汉字“药”的甲骨文（）有“草药”的意象。据《史记》记载，神农尝百草，始医药。同时，神农也是农耕之祖，包含培育、滋养和驯化的原型寓意。具有疗效的草药，与滋养和驯化相结合，也便具有了“心药”的疗愈意义。

有史以来，音乐也是一种“心药”。在《礼记》中，有《乐记》一章，从中仍然可以感受“六经”中失传的《乐经》① 的神韵。比如，《乐记》中记载：“凡音者，生人心者也。情动于中，故形于声。声成文，谓之音。是故治世之音安以乐，其政和。乱世之音怨以怒，其政乖。亡国之音哀以思，其民困。声音之道，与政通矣。”可见，其中包含深度音乐心理学、音乐心理治疗，以及心灵疗愈的“心药”。

“音乐”二字中，“音”为声（甲骨文如），如《说文解字》所言：“生于心，有节于外，谓之音。宫商角徵羽，声；丝竹金石匏土革木，音也。从言含一。”音乐之“乐”（甲骨文如）是“五声八音总名”，其字形与汉字“药”相近，其古音亦然。不同的是，“乐”中没有“草”的符号，而是突出其中的“核心”意象。

若是我们将音乐之“音”放在“心”上，就可得到“意”（），“意义”的“意”：心上之音。

由此，我们就可以理解与欣赏《乐经》之音乐与心：“凡音之起，由人心生也。人心之动，物使之然也。感于物而动，故形于声。声相应，故生变，变成方，谓之音。比音而乐之，及干戚羽旄，谓之乐。”“乐者，音之所由生也；其本在人心之感于物也。是故其哀心感者，其声噍以杀。其乐心感者，其声啴以缓。其喜心感者，其声发以散。其怒心感者，其声粗以厉。其敬心感者，其声直以廉。其爱心感者，其声和以柔。”“诗，言其志也。歌，咏其声也。舞，动起容也。三者本于心，然后乐器从之。是故情深而文明，气盛而化神，和顺积中而英华发外，唯乐不可以为伪。”（《礼记·乐记》）在中国古代，音乐被认为是自然之声的超越性表现，“大乐与天地同和，大礼与天地同节”（《礼记·乐记》）。在深度心理学的意义上，融入太极、阴阳与五行变化，为心灵带来和谐。

---

① “六经”包括《诗经》《尚书》《礼记》《易经》《春秋》以及《乐经》。

河姆渡出土的古陶埙（新石器时代）

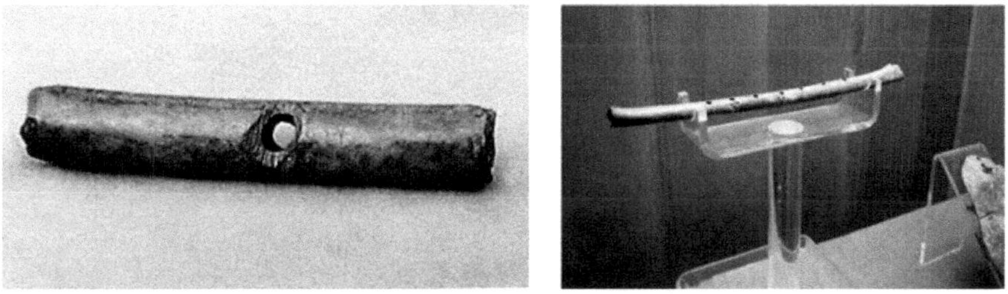

中国骨笛（新石器时代）

中国石磬（新石器时代）

阴阳与五行的理论被记录在《尚书》中。比如，《尚书·洪范》篇描述了五行的特性："一曰水，二曰火，三曰木，四曰金，五曰土。水曰润下，火曰炎上，木曰曲直，金曰从革，土爰稼穑。润下作咸，炎上作苦，曲直作酸，从革作辛，稼穑作甘。"

阴阳五行，本来也与《易经》有关，如“《易》以道阴阳”（《庄子·天下》）。通过其中的相生与相克，阴阳五行成为中国哲学、中医与音乐的重要原理。比如，“五脏”与“五志”（怒、喜、思、悲、恐），同样被纳入五行：心舍神主喜，具有火的特性；肝脏魂主怒，具有木的特性；脾脏意主思，具有土的特性；肾脏志主恐，具有水的特性；肺脏魄主忧（悲），具有金的属性。可见，此五行意象中包含一种深度心理学与深度心理治疗的体系。多拉·卡尔夫认为，人们只有真正理解了来自中国的五行理论，才能感悟荣格心理学与沙盘游戏治疗的奥义。

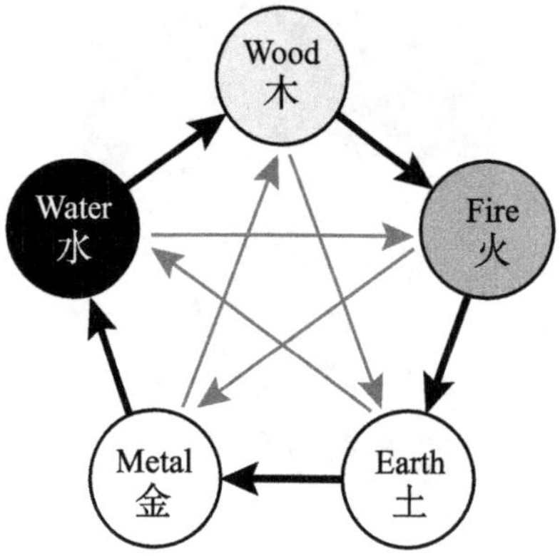

五行意象

马王堆出土的《篆书阴阳五行》

更进一步，古代中国哲学家，也将“五德”纳入五行：仁具有木的德性，义具有金的德性，礼具有火的德性，智具有水的德性，信具有土的德性。哲学家邹衍更有以五行之德，来分析朝代更替与历史变迁的“五德终始说”，影响深远。

“五”之数，本为《河图》与《洛书》的核心。《河图》与《洛书》也是《易经》的缘起与最初意象。相传上古伏羲氏时，洛阳东北孟津县境内的黄河中浮出龙马，背负《河图》；洛河中浮出神龟，背负《洛书》。伏羲依此而演成八卦（包含五行法则），即为《易经》的缘起。

荣格十分熟悉《河图》与《洛书》，在表达其“自性”与“自性化”要义时，多次引用有关传说并阐释其中的道理。荣格在其《转化的象征》中解释了“力比多的转化”（the transformation of libido），并引用《易经》作如下表示：“对于有关状态，古代中国的《易经》哲学发明了一些精辟的意象。”（Jung，1911－1912/1952/1977a，§250）

接着，在第五部分“挣脱母体之战”（The Battle for Deliverance from the Mother）中，荣格借用“龙马传说”，即《河图》与《易经》的故事来分析其中的意象和意义：“传说《易经》是由一匹身上带有神秘图案（《河图》）的龙马背负到中国的。”（§423，n. 21）

荣格在研究原型意象

然而，《河图》与《洛书》都不仅仅是传说中的图案，近代考古发现一再证实它们的古老与真实。1987 年，安徽含山凌家滩遗址（新石器时代）出土了一件玉龟和一件玉片（距今约 5 000 年），玉片上刻有原始的八卦图形，它夹在玉龟腹甲和背甲之间，俨然重现《河图》与《洛书》之“神鬼负文”的传说。

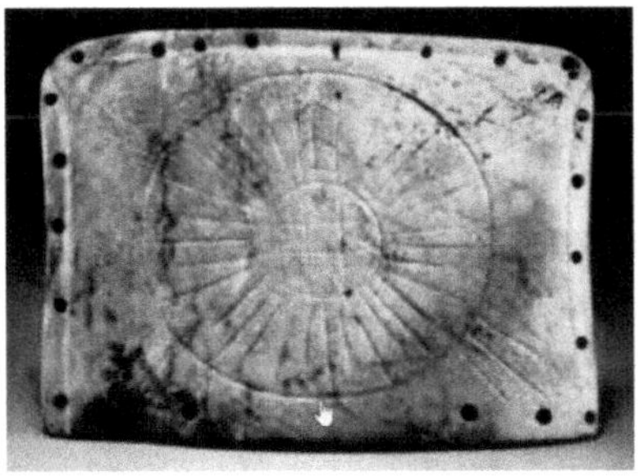

凌家滩出土的玉龟

荣格在有关曼荼罗的一次讲座中，对《河图》与《易经》做了更为详尽的解释。荣格说：“《河图》是《易经》的基础，其形式大概源自公元前 12 世纪。据说，一匹龙马从河里捞出了《河图》。智者发现了它上面的图案，以及图案中有关世界秩序的法则。如此古老的《河图》，显示了表示数字的‘节绳’（或称‘准绳’）。这些数字具有种种原始特性，尤其是阳性和阴性。所有奇数均为阳性，而所有偶数则为阴性。”（Jung，1950/1981a，§642）

这是荣格著作中所使用的《河图》：

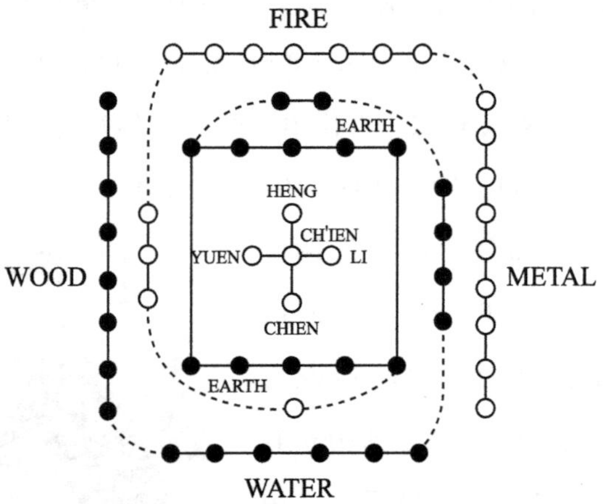

荣格在《关于曼荼罗象征》中所用的《河图》

在《关于曼荼罗象征》中，荣格讨论了《河图》意象的诸多细节，并作如下注解（§640）：

> 乾居中为“天”，由此发源四德，如天行健。于是，我们就有了：
>
> 乾：自生的创造力（self-generated creative energy），对应于湿婆。
>
> 亨：周行力（all-pervading power）。
>
> 元：原动力（generative power）。
>
> 利：仁爱力（beneficent power）。
>
> 贞：恒久力（unchangeable，determinative power）。

《河图》所呈现的形式为“象”，“象”中具“理”，由“数”而成，而“象”“数”“理”也正是《易经》的关键。但同样重要的，则是荣格所把握的“气”，尽管其英文表达的形式是“力”（power）。

《河图》言数本乎气。气通乎道，触及道心。老子之“虚其心”，以及庄子“心斋”之“惟道集虚”，表达的正是“道心惟微”及其与“宇宙灵魂”（Anima Mundi）的联系。《河图》与《洛书》正是这最初的原型意象及其所包含的原型启迪。在《河图》与《洛书》的“圈”“点”贯通之间，包含古朴的心智及其原型意象。“数”与“气”，都是《易经》的本质性元素，荣格对此均有感悟。

《河图》及其数字魔方

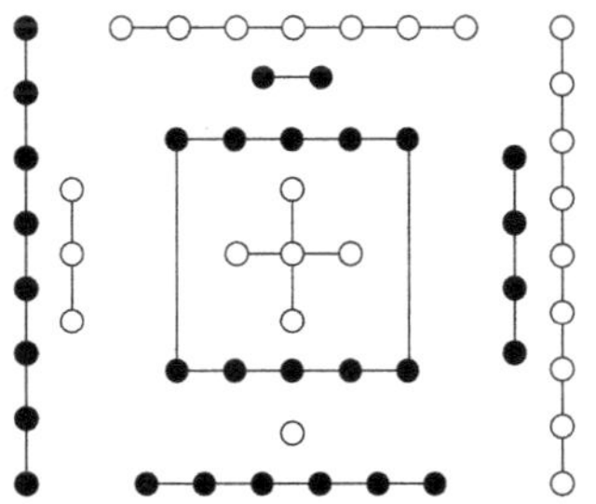

7
2

8　3　　5　　4　9
10

1
6

《洛书》及其数字魔方

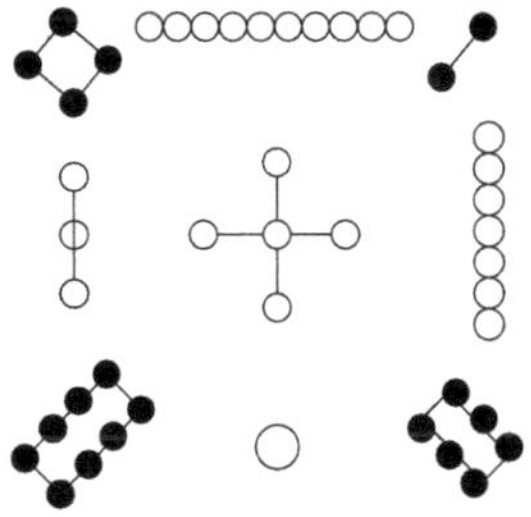

4	9	2
3	5	7
8	1	6

《河图》与《洛书》及其数字魔方

如《河图》与《洛书》所示，其中心之数皆是“五”。其中《河图》四边之数相减均为“五”，中数也寓“五”及“十五”；《洛书》之中也为“五”，其四边之数，横竖斜向相加皆为“十五”。

汉字“五”的甲骨文（）具有“交午”与“结点”、“核心”与“中数”的原型意象。其中不仅包含阴阳，而且也是五行之基础理念。数

中之理包含天地之数的妙用，这正是“允执厥中”之“中”的体现：至道所在。

中国先哲在《河图》与《洛书》之原型意象的基础上，演绎了《易经》之《伏羲先天八卦图》，以及《文王后天八卦图》：

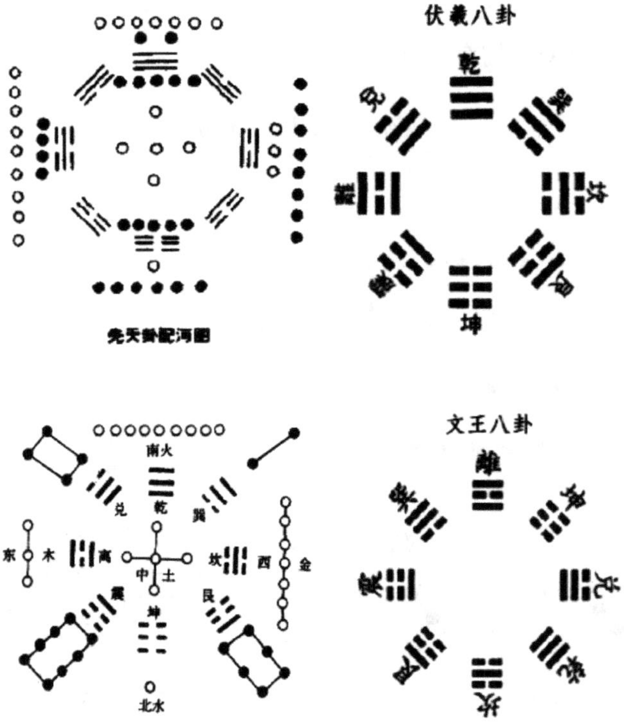

《河图》《洛书》与《伏羲先天八卦图》《文王后天八卦图》

这图中的奥秘，也即《易经》内在的结构与规律，关乎《河图》与《洛书》之原型意象：其“气”与“数”，其“象”与“理”，其“时”与“中”，以及“执中”与“时中”。

因此，“中医”之名，其中的关键为“中”。它并不仅仅是一个地域概念，或人们一般所认为的“中国医学”，而是“中”的哲学理念：其汉字意象与核心所在。“中医”的本质是一种以“中”为原理的医学体系，而“中”即为核心，意为时中、中庸，以及中节与和谐。

正如孟子所说：“君子所性，仁义礼智根于心。”“尽其心者，知其性也。知其性，则知天矣。存其心，养其性，所以事天也。”（《孟子·尽心上》）这也正是疗愈“心病”的“心药”及其意义。

第五届心理分析与中国文化国际论坛闭幕式，
古琴家茅毅用宋代古琴演奏《孔子读易》（2012）

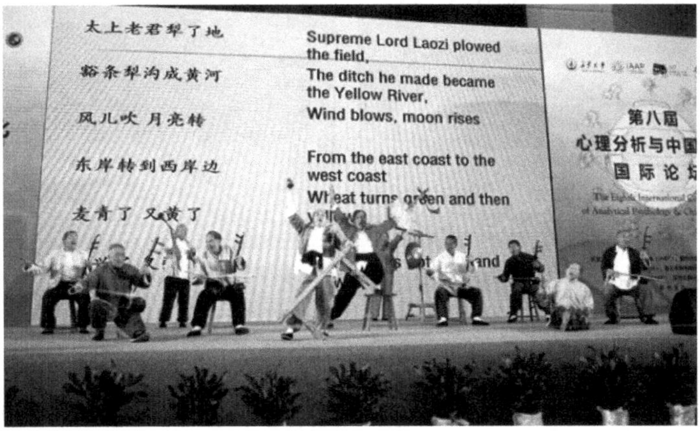

传统“老腔”剧组，特意为第八届心理分析与中国文化国际论坛演出（2018）

由此可见，“心病还须心药医”，五行心意，也是“核心心理学”理论与方法的组成部分，并体现为“心灵花园”的专业实践。为此，我们提炼与整合了包括“梦的工作”“表达性艺术与绘画”“沙盘游戏”“原型心理剧”和“音乐舞动”的核心心理学“心灵花园五行技术”，并将

曾侯乙编钟：黄钟大吕，心声远扬

它们与“心灵花园”心理援助①的“五层次扇形模式”② 和“文化原型意象启迪”③ 一起，应用于汶川大地震（2008）和玉树大地震（2010）心理救援，以及全国范围80余所“心灵花园”工作站的专业实践。

汶川大地震中北川中学“心灵花园”工作现场之“梦的工作”（意象体现）（2008）

① “心灵花园”心理援助工作的三个阶段：首先是建立有效关系，其方式如“容纳”“共情”“创造自由而受保护的空间”“共鸣”“感应”。其次是象征性寓意表达，即实施上述“心灵花园五行技术”。最后是心理重建，强调以心为本与核心心理学，突出来访者内在主动效应，用慈悲与创造转变创伤，发挥文化原型（命名-驯养-转化）的治愈与转化作用（申荷永，2009）。

② “五层次扇形模式”，是基于当时震区特殊的工作局面提出的（2008年5月19日）。从个别辅导和小团体辅导，到大团体心理互动（以讲座形式进行）、集体心理辅导（以影视形式进行）和环境生态心理设计（以灾区社会文化和环境为背景，将心理辅导融入生活），由小及大，再返回个体，如扇子展开收合。这样，即使是我们的“心灵花园”工作站小团队，也能很好地干预众多需要帮助的受灾者（申荷永，2009）。

③ “文化原型意象启迪”，由“大禹治水与命名”“神农医药农耕”“伏羲一画开天始创八卦”等文化原型意象组成，体现为“心灵花园”心理援助中的“命名与启蒙”“驯化与滋养”“时机与转化”三个阶段六个步骤。

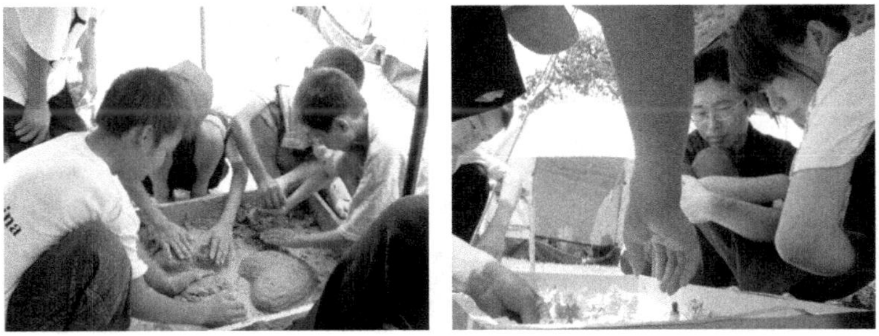

汶川大地震中北川中学“心灵花园”工作现场之“沙盘游戏”（2008）

汶川大地震中北川中学“心灵花园”工作现场之“音乐舞动”（2008）

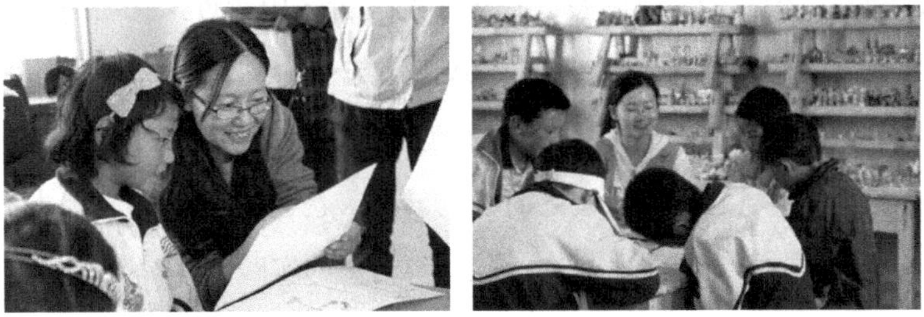

玉树孤儿学校“心灵花园”工作现场之“表达性艺术与绘画”“沙盘游戏”（2010）

“心灵花园”志愿者公益项目已历时10余年，大灾难面前的心理救援，包括我们的“三川行思”① 与“玉树临风”②、在全国范围孤儿院中的

---

① 2008年5月12日汶川发生8.0级大地震发生后，“心灵花园”志愿者是最早赶赴震区以及在震区坚持工作最为持久的专业团队之一，先后在北川中学、汶川水磨小学以及汉旺东汽小学和中学等建立“心灵花园”工作站，并前往青川震区开展心理援助工作。为此，我撰写了《三川行思：汶川大地震中心灵花园纪事》。

② 2010年4月14日青海玉树发生大地震之后，我与我们的“心灵花园”志愿者数次前往震区，在玉树孤儿学校和玉树上巴塘拉吾尕小学，以及西宁孤儿院建立了“心灵花园”。玉树是三江（黄河、长江、澜沧江）源头，祖山（昆仑之巴颜喀拉山脉）所属。

玉树上巴塘拉吾尕小学“心灵花园”工作现场之“音乐舞动”“原型心理剧”（2010）

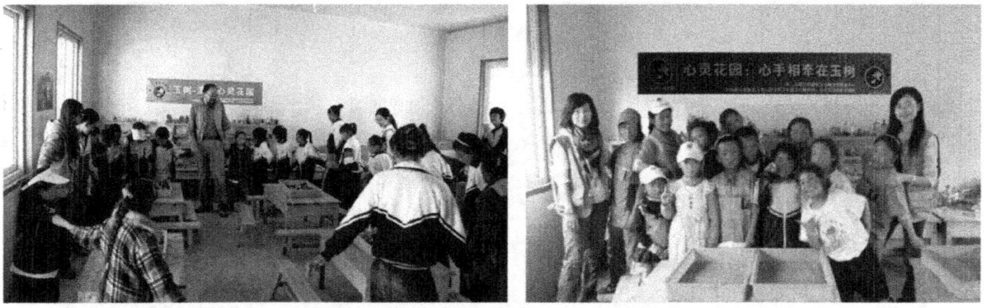

玉树孤儿学校“心灵花园”工作现场之“原型心理剧”（2010）

“心灵花园”，带我们跨越时空，在艰难和痛苦之中亲近文化心灵，陪伴与守护中华最古老的血脉之一，感受那自然与生命的奇迹，感悟那源自千古、存乎一心的道理。由此，文化原型及其意义，包括大禹之命名与启蒙、神农之驯化与滋养、伏羲之时机与转化，已融入我们以心为本的核心心理学体系，转化为感应心法这一慈悲与治愈的实践。

我一向把我们“心灵花园”志愿者的行动，视为一种自我救赎。那些未能被关照的孤儿，与我们每一个成年人都息息相关。孩子本来是天使，我们的孤儿亦然。“心灵花园”，包含“核心之种”的意象与意义：爱之心手相牵，慈悲之心心相印。这也是仁者之心、五行心意、心灵疗愈的体现。

第三章　原型心意：心之意象与意义

汉字起源，与《易经》之缘起关系密切。《易传·系辞下》这样描述《易经》之缘起："古者包牺氏之王天下也，仰则观象于天，俯则观法于地，观鸟兽之文，与地之宜，近取诸身，远取诸物，于是始作八卦，以通神明之德，以类万物之情。"其中不仅记载了《易经》之意象的缘起，而且说明了汉字形成的原则。汉代许慎，在其《说文解字》序中，便认定汉字起源于《易经》之意象。如同核心智慧，在汉字原型中，同样包含心的意象与意义。

荣格刻制的中文石碑

这石碑是荣格为纪念托妮·沃尔夫刻制的，选用汉字（"朵𨟏犲尼赜"）来表达其内心情感。荣格用汉字"朵"，来称呼"托妮"。不无巧合的是，在西文古语中，Toni 的本义，也正是"花朵"。第二个汉字为"𨟏"，为荣格自创。最后一个汉字"赜"，其义为幽深难见，故《易经》有"探赜索隐"之喻。我曾为荣格孙子安德烈·荣格翻译解读这五个汉字的寓意（申荷永，高岚，2018）。

荣格曾学习汉字，并将其称为"可读的原型"。他在不同的讲座中，书写过一些汉字，比如"道"，并解读其意象和意义。荣格也在其生命最为特殊的时刻，用汉字来表达其特别的情感，比如，为了纪念托妮·沃尔夫（Toni Wolf），为了哀悼妻子艾玛·荣格（Emma Jung）。据约瑟夫·亨德森、范德普斯特（Sir Laurens van der Post）和戴维·罗森等介绍，荣格最后刻的一块石头是送给他自己的，其中用的也是汉字。

我将用一些汉字，或者通过心部或寓心的汉字意象，来呈现“治疗与治愈”、“主动倾听”（与积极想象）或“听之以心”、“爱与慈悲”，以及“觉悟与自性化”的意义，探索核心心理学的方法及心与心理分析之道。

其中最为不可思议的是，这些汉字不仅能够呈现生动的原型意象，而且蕴含如何去做的方法，以及如何实现其中意义的途径。

第一节　心上之舟：治疗与治愈

中文的“治疗”，如同英文的“therapy”，同样用于“心理治疗”。然而，我们还有“治愈”，这是西方的心理治疗少有触及的。

汉字“治”，治疗与治愈之“治”，其篆体（）的意象与“治水”有关。“治”之左边为“水”，右边是“土”的意象，堆土成台或高台。

这符合五行原理，因为“土”是可以克制“水”的。在中文语境中，治疗和医治（身体与心理），以及治理、法治、治学等，都与此“治”（水）的意象和意义有关。

我们都知道大禹治水的故事。禹的父亲鲧治水九年，试图用“息壤”① 以堙洪水但未能成功。② 于是有大禹，历时十三年，以顺水之道，疏川导滞，完成治水大业，并奠定了夏代的基础。2016 年，《科学》杂志刊登了一篇很有意思的论文，题为《公元前 1920 年的洪水暴发为中国传说中的大洪水和夏朝的存在提供依据》（Wu et al.，2016）。研究者的发现支持大

---

① 据郭璞注《海内经》，“息壤者，言土自长息无限，故可以塞洪水也”。

② 筑高台（或堤坝）以防水，既有便利，也有隐患。如《孟子・告子下》：“禹之治水，水之道也。”可谓善治，或获得至善之治。不管是治水、治病，还是治国，由于不同的理解，都会衍变为不同水平的理论与方法。若一味用外在之土或高台来御水，就不免会有堵塞或者决堤之可能。对于核心心理学来说，在治愈之治中，返璞归真，也即寻找治之原本的心意。

禹治水的传说。

汉字“水”，源自《易经》坎卦的符号。这也是汉字“水”的本来意象。

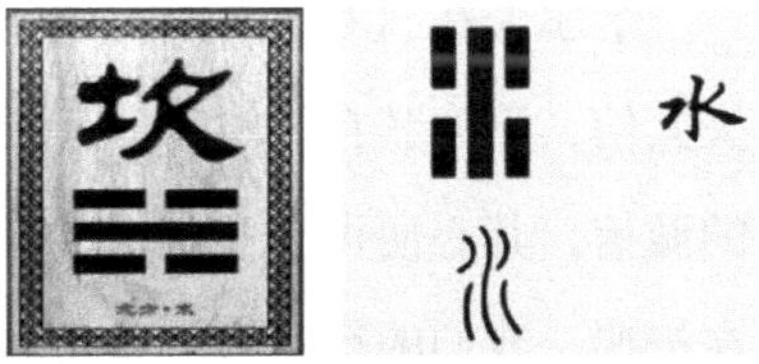

《易经》坎卦的符号

《易经》坎卦之彖辞，这样描述其意象的意义：“习坎，重险也。水流而不盈，行险而不失其信。维心亨，乃以刚中也。行有尚，往有功也。天险不可升也，地险山川丘陵也，王公设险以守其国，险之时用大矣哉！”

中文用“危机”（）来表达危险，寓意危险与机遇同在，困难中包含成功的线索。《易传·说卦》有这样关于坎卦的描述：“坎为水，为沟渎，为隐伏，为矫𫐐，为弓轮。其于人也，为加忧，为心病……”可见，在“坎”，以及“离”（寓心与火）的意象中，包含身心世界中的危险与机遇：疾患与创造。

中文“心病”，包括如今大部分心理疾患。就传统中医的观点来说，水（属阴）过多或阴过盛，则可能为身心疾病的重要原因。不可思议的是，汉字“病”与“疾”，都有“床”的意象：。

根据西方传说，医神阿斯克勒庇俄斯也是用类似的“床”（kline，石板），让病人躺下来获得治愈。而这也就是西方“临床”（医学）（kline/clinica）的缘起。更有意思的是，梦是阿斯克勒庇俄斯疗愈的重要方法。而中文的古梦字（），也有这“石板”或“床”的意象。

中国有这样的谚语：“心病还须心药医。”那么，心药何在？多拉·卡尔夫在其《沙盘游戏：治愈心灵的途径》中引用了《易经》中水的意象。尤其是在这部沙盘游戏治疗奠基著作的“总结”部分，卡尔夫说：“多元的心灵在梦与意象中表现自身。为了接近心灵创造的核心，我们必须要尝试去理解这种象征语言。当我们能够理解这种象征语言的时候，便能获得心灵的转化。”“总而言之，心灵的发展过程犹如流动的水。”（Kalff,

1980/2003，p. 140）

卡尔夫在《易经》评论中说：“水流不止，流而不盈；行于险途而不失其信，不失其自身本性。于是，当遇到困难的时候，只要一个人有足够的诚信，其心便可洞察困境的意义而获得超越。一旦我们获得对困难的内在把握，我们的行动自然将可获得成功。”① （p. 140）

多拉·卡尔夫所引用的，正是《易经》坎卦的意象与意义。不同的译者对“坎”有不同的翻译：卫礼贤和贝恩斯译为“深渊”（abysmal），瑞策玛则译为“峡谷”（gorge）。然而，坎卦的本质属性，如卡尔夫的理解，正是“水”的意象与意义。

坎卦属于《易经》的八卦之一，如我们前面所引用的其象辞所示：“习坎，重险也……维心亨……行有尚，往有功也。”也如卡尔夫的理解所示：“当遇到困难时，只要一个人有足够的诚信，其心便可洞察困境……”于是，“维心亨”，或者“用心”，便是核心心理学的应用原理。

不过，如何去做？如何能够实现呢？为此，让我们来关注与感受汉字“愈”。以核心心理学为基础，我们将此“愈”的意象，与传统意义上的“治疗”相结合，作为心理分析的方法论。

“愈”的甲骨文（）具有“心上之舟”的意象，包含四个字素符号：（1）独木舟或船；（2）做舟（的工具）；（3）流动的水；（4）心。

“心上之舟”，如此美妙的意象，足以启发我们进行反思与想象。

“愈”字上为“俞”，这是“愈”（瘉）的关键，包含治愈之奥秘。“愈”（瘉）或源于“俞”，为“俞”之假借。那么，这心上之“俞”，其意象与意义又如何？

“俞”字形成显然古老，对于其甲骨文构字（），《说文解字》释曰：“空中木为舟也。从亼从舟从巜。巜，水也。”其金文字形与字素

① 这是从卡尔夫英文著作中直译而来的，其本义可参见《易经》坎卦彖辞：“习坎，重险也。水流而不盈，行险而不失其信。维心亨，乃以刚中也。行有尚，往有功也……”

（　）已接近许慎所用的小篆（　）。

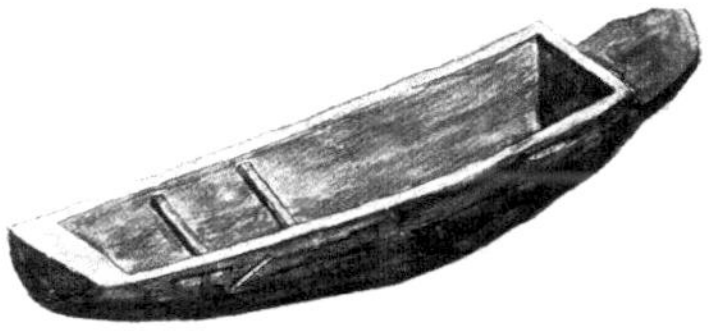

殷商有俞国之舟

俞人善作舟，《说文长笺》记载春秋吴国阖闾有大舟名“俞皇”。

“空中木为舟”，可见“俞”是舟或做舟的原型意象。此处的“空”与“中”，均包含深度心理治疗与心理分析的奥秘，不仅具有佛家之“空性”与“中道”的意象，而且包含道家之“虚”与“道”的理念，以及《易经》之“时中”、儒家之“中庸”的本义。《墨子·节用上》曰：“舟以行川谷。”《诗经·邶风·谷风》有言：“就其深矣，方之舟之。”①《易经》中孚卦彖辞曰：“利涉大川，乘木舟虚也。中孚以利贞，乃应乎天也。”②

段玉裁（《说文解字注》）注“俞”：“从亼，从舟，从巜。合三字会意。”可见，“亼”“舟”和“巜”均为“俞”之构字要素，皆有心理分析之疗愈的启迪。

“俞”中之“亼”（jí），今义为“集”。《说文解字》释曰：“三合也。从入一，象三合之形。”徐铉、王筠等则另有所解，直入“亼”中之“极”“栋”，古代房屋“冓”筑之原型意象：亼。“冓”的甲骨文（　）象（亼）之对交之形，为构（冓）架、结构（冓）之原义。中国古代“冓”筑之寓意，即源于此。

“会”、“合”、“今”、“侖”（仑）等字皆从“亼”。也就是说，在“亼”之象形与会意中，也包含会、合、今、侖的意义。“会”者合也，其甲骨文意象生动：　。“亼”下之“曾”，为增为益，象气之舒扬，如《易经》乾卦之“亨者，嘉之会也”，使物嘉美之会聚。③“合”者同也，如

① 《尚书·商书·说命上》曰：“若济巨川，用汝作舟楫。”

② 《易经》中孚卦彖辞曰：“中孚，柔在内而刚得中。说而巽，孚，乃化邦也。豚鱼吉，信及豚鱼也。利涉大川，乘木舟虚也。中孚以利贞，乃应乎天也。”

③ 也如《尚书·洪范》之“会其有极”，会为集会；也如《礼记·乐记》之“竹声滥，滥以立会，会以聚众”。

《易经》乾卦之“保合太和”，如《诗经·大雅·大明》之“天作之合”。段玉裁注“合”为“三口相同是为合”，并以“十口相传是为古”为例。“今”为现在、目前，与“古”对应，如古今之谓。《说文解字》释曰：“是时也。从亼从乁（及）。”[1]“今”之意象，也体现于“吟”“含”，以及从今从心之“念”，念中常思，如《尚书·大禹谟》之“念兹在兹”。“侖”（仑）为思为理，从亼从冊（册）。如“侖”之“輪”（轮），如“侖”之“倫”（伦），如“侖”之“論”（论），皆以“侖”会意，凡人之思必依其理。

可见，“愈”之“俞”，以及“俞”之“亼”，其集其萧，其会其益，其合其同，其今其念，其侖其思，字素古朴，皆含心意。

“俞”中之“巜”（kuài），本为水流之声。水流涓涓为“く”，而“巜”为大水之形声，如《说文解字》所释：“水流浍浍也。方百里为巜。”

“水”之甲骨文（）为流水之象形，似有形声与会意在。《说文解字》释曰：“准也。北方之行。象众水并流，中有微阳之气也。”汉字“水”，其意象如《易经》之坎（坎为水，其卦象如水之古字寓意），外阴内阳，中画象阳；微阳犹内在，微也寓隐，具有无意识的意象。

“俞”中之“舟”，更是具有“俞—愈”之枢纽寓意。其字象形，从甲骨文至金文再到小篆皆如舟形：（舟之甲骨文）；（舟之金文）；（舟之小篆）。

《说文解字》以船解舟，释曰：“船也。古者，共鼓、货狄，刳木为舟，剡木为楫，以济不通。象形。凡舟之属皆从舟。”共鼓与货狄据说是黄帝之臣，他们发明了舟楫；而“刳木为舟，剡木为楫，以济不通”语出《易传·系辞下》：“刳木为舟，剡木为楫，舟楫之利以济不通。致远以利天下，盖取诸涣。”可见，《易经》之涣，为舟楫之原型。

① 如《诗经·鲁颂》：“自今以始，岁其有。”

涣卦上巽下坎（风水涣），风行水上；巽为木，坎为水，木浮于水有行舟之象。唐李鼎祚《周易集解》卷十五引《九家易》说：“木在水上，流行若风，舟楫之象也。”可见，古人做舟楫，或共鼓或货狄，盖取法于涣卦之意象。楫以进舟，舟以载物；舟楫之利，风水助行；以济不通，而民得其宜。

涣卦与井卦（水风井）同体，井聚水源，能积为汲，木水相辅，以汲为利，同样具有意象的原型或原型的意象。井象汲，涣象舟，如涣之彖辞所示：“利涉大川，乘木有功也。”

涣卦之上九爻辞曰：“涣其血，去逖出，无咎。”其象曰：“涣其血，远害也。”它也一向被视为古医秘传之疗愈原则。涣之下卦为坎，坎为水，或为陷（如其字象之土欠）、为险，如《易传·杂卦》所示：“其与人也，为加忧，为心病。”①

因此，治愈之“愈”，开阔了全新的视野。“治”与“愈”合，便是核心心理学的基本方法与原则。凡“疒”部之“瘉”（俞）、“水”部之“治”、“舟”部之“俞”，均在这“心”部之“愈”中形成整合的意义。

愈中之舟包含舟航之始的意象，如椎轮为大路之始。舟行于水，乘木有功。有了舟及其意象，水便呈现新的意义与作用，已不只是“治”（比如针对真正之治疗）的对象；有舟便可御水，已不是防御之“御”，而是驾御（驭）之“御”。由此，便能舟济天下，利涉大川，获得超越与转化。

在一些博物馆里，我们可以看到古人所做的独木舟。做舟，首先需要在木中刨出空间。而这样的“空间”，应该能够适“中”（此“中”的意义，既有其哲学含义，也有与舟之重心有关的物理含义，还有心理学或心理治疗的含义）。

因此，汉字“愈”之“心上之舟”的意象，除原本就有的与治相关的

① 坎虽有“心病”之喻，但也同为“心药”，如坎之卦辞所示：“习坎，有孚，维心亨，行有尚。”

水的意义，还有全新的意境，或称舟与水之间新的关系（尤其是相对于治之用土防水而言）：没有足够的水，便不能行舟；若无深水，便不能行大舟。可见，对于荣格心理分析与深度心理治疗来说，汉字“愈”必有原型之启迪。[①]

当然，我们应该总是提醒自己，水具有危险，尤其是来自无意识的危险，如《易经》坎卦之“习坎，重险”的提示。荣格曾有这样的描述：面对无意识，或者在无意识水平做心理治疗，犹如撑一叶小舟在大海之上打鱼……借用这样一种比喻，荣格想告诉我们，准备好我们的“容器”（舟），留意来自“水”（无意识）的危险与挑战。

因此，有了汉字“愈”的意象，用土来防御水的“治疗”可转变为一种新的情境：不仅是“防御”，而且是“驾御”。我们都知道荣格很喜欢水，喜欢帆船航行。其背后所包含的道理，是我们需要对水的意象和意义做更为深入的理解，并与其建立更好的关系。荣格与卡尔夫都喜欢《道德经》，从其水的意象中获得启示：“上善若水”“水近于道”；“道之在天下，犹川谷之于江海”。

在其《沙盘游戏：治愈心灵的途径》第四章中，卡尔夫用《易经》的坎卦来解读丹妮拉（一位 12 岁的女性来访者）的“被动性”问题。正如卡尔夫（Kalff，1980/2003，p. 58）所说：“水之坚忍持久之力的本性，表现了丹妮拉未来发展的坚强自信。丹妮拉需要这种力量，因为她在日常生活中正变得更加主动。”

汉字“御”（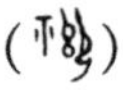），既可作为“防御”，也可用作“驾御”，如古语“舟济天下”。就治疗或治愈而言，作为荣格心理分析师或深度心理治疗师，我们应谨记此意象及其意义，与来访者一起寻找或构建“心上之舟”。

在其《伊涌：自性现象学研究》中，荣格这样形容与道有关的水之意

---

① “愈”字通“愉”。愉，乐也。《礼记·祭义》曰：“有和气者，必有愉色。”《荀子·君子》曰：“天子也者，执至重，形至佚，心至愈，志无所诎，形无所劳，尊无上矣。”“愈”也通“谕”。《淮南子·齐俗训》曰：“瞽师之放意相物，写神愈舞，而形乎弦者，兄不能以喻弟。”

象："因此，古人常用水来作比喻，一个恰当的例子就是'道'，阴阳在'道'中合一。'道'是'谷神'，'道之在天下，犹川谷之于江海'。"（Jung，1951/1979，§281）荣格还说："我们未发现的内在血管是心灵的生命线。经典中国哲学将这内心途径命名为'道'，将其比喻为注定入海之河流。至于道意味着圆满、完整，达到目的，完成使命；自始至终，完美实现天赋价值和意义。人格即道。"（Jung，1946/1981c，§23）

多拉·卡尔夫在《沙盘游戏：治愈心灵的途径》的最后描述了《易经》坎卦中水的意象，并说："请在沙盘游戏中记住此意象（坎卦）。谨记，当我们成功为（来访者）人格带来内在和谐的时候，我们称之为慈悲。"（Kalff，1980/2003，p. 140）

以核心心理学为基础，我们将治疗与治"愈"（心上之舟）整合，作为心理分析与沙盘游戏的实践原则。尽管面对水需要谨慎，需要勇气与智慧，然而，即使是"洪水"，即使是"大洪水"（犹如临床心理治疗中的诸多病患），若有方舟，如传说中的挪亚方舟，我们也能舟以济之，以利天下。或许，所有的深度心理治疗，尤其是心理分析，都应从这愈之舟、俞的意象中获得启示。当然，作为心理分析师，我们是要为来访者，或者与来访者一起，来寻获心上之舟。或者，作为心理分析师自身，要时时有此信念：天用汝为舟楫。

心中有舟，便能济水，便能救难。乘木舟虚，知行知返，如般若，如《易经》咸之感，如中孚之应，以心传心，观感化物，这便是核心心理学。

第二节　听之以心：主动倾听

"听"，对于所有心理治疗都十分重要。如果我们回溯到"谈话疗法"（talking cure），如安娜·O 所描述的那样，那么，这疗愈的效果，则不仅仅来自"谈"，还来自"听"。"听"或者"倾听"，可能比"谈"或"谈话”更具有意义。其中的“疗愈”，并不仅仅是由于来访者谈了多少，而且还包括治疗师听到或接收了多少。或许，正是听的方式与意义，促成疗愈与转化的发生。在心理分析的水平上，你能听进几分，疗愈的效果就会增加几分。当然，在这种意义上，也可以说，心理分析的疗愈是“听”出来的。那么，听的意义，以及听的方式又是什么呢？

弗洛伊德的工作室（英国伦敦弗洛伊德博物馆）

正如我们前面对治“愈”的分析与讨论，其方法与途径包含于汉字意象之中。那么，让我们也来看一下汉字“听”。我们可回到“听”（聽）的汉字本源，从其“可读的原型”中，来寻找“倾听”的真意和奥秘，从而来呈现核心心理学中“听之以心”（listening with the heart）之“主动倾听”（the active listening）的内涵与意义。

那么，如何“倾听”，如何才能从“听”中获得疗愈的效果呢？当然，更进一步，如何能从“听”中获得自性的体验与心灵的感受呢？

“听”（聽）之小篆（聽）的构成如下：左边的“耳”（耳）和“壬”（壬）；右边的“直/十目”[直（直）] 和“一心”[心（心）]。

对于“听”（聽），许慎《说文解字》释曰：“（聽）聆也。从耳悳，壬声。”① “听”（聽）之“耳”下为“壬”，既为声符也具内涵。壬之意象

① 段玉裁注：“（聽）聆也。凡目所及者云视。如视朝，视事是也。凡目不能遍而耳所及者云聽。如聽天下，聽事是也。从耳悳。会意。耳悳者，耳有所得也。壬声。他定切。十一部。”

为生长与挺拔，其原型包含种子萌芽之意。“听”（聽）中之“耳”，其甲骨文如，金文如，小篆如。① “耳”为象形字，《说文解字》释为“主听”。当然，这是一般意义上的听，而一旦“耳”与“壬”、与“十目”和“一心”组成“聽”，便立刻具有一种深刻的哲学意味。对于“壬”，《说文解字》释为“善”，有“士”即“物出地挺生”之意，可谓寓意深远。② 在实际的心理分析与核心心理学专业实践中，主动倾听，便包含亥壬孕育、天人相感、出地挺生的唤醒与激活过程。③ 因此，如果有人可以倾听种子的萌发，也即生命之内涵，那么便有聪慧或圣者的耳朵。汉字“聪”④、“圣”（聖）⑤ 皆有“耳”，皆包含“心”以及“种子”的意象。人耳之形，犹婴儿意象，或“如婴儿之未孩”（《道德经》第二十章）⑥。在此意象中，也包含“百姓皆注其耳目，圣（聖）人皆孩之”

---

① 所用字形引自“汉典”（http：//www. zdic. net），特别致谢！

② 《说文解字》释“士”，也包含深意：“事也。数始于一，终于十。从一从十。孔子曰：‘推十合一为士。’凡士之属皆从士。”段注更有发挥：“数始一终十。学者由博返约。故云推十合一。博学、审问、慎思、明辨、笃行，惟以求其至是也。若一以贯之，则圣人之极致矣。”

③ 由于“壬”与“壬”以及“王”字形近似，常有“误解”。每每触及，我也试图捕获其中的意象及意义。因为，对我来说，即使是误读或误解，也自有其心理分析的含义。于是，“壬”之阴极阳生，亥壬孕育之意象［《说文解字》：“（壬）位北方也。阴极阳生，故《易》曰：‘龙战于野。’战者，接也。象人裹妊之形。承亥壬以子，生之叙也。与巫同意。壬承辛，象人胫。胫，任体也。凡壬之属皆从壬。”段玉裁注：“壬与巫同意。巫像人两袖舞。壬像人腹大也。”《释名》曰：“壬，妊也。阴阳交。物怀妊也。至子而萌也。”］，以及“王”之天下所归往，天地人贯通之意象［《说文解字》：“（王）天下所归往也。董仲舒曰：‘古之造文者，三画而连其中谓之王。三者，天、地、人也，而参通之者王也。’孔子曰：‘一贯三为王。’凡王之属皆从王。”《正韵》：“（王）主也，天下归往谓之王。”］，也可纳入核心心理学的“主动倾听”。

④ “聪”之意象，包含察、闻、明、通、听等，如《管子·宙言》所言：“耳司听，听必顺闻，闻审谓之聪。”我将其称为“听”（聽）之心理阐释，而《管子》之“心术”本是核心心理学的重要组成。《史记》中有“反听之谓聪，内视之谓明”之说，我也将“反听”与“内视”纳入核心心理学的系统，付诸心理分析与沙盘游戏的专业实践。听（聽）德唯聪，此之谓也（申荷永，2017）。

⑤ “圣”（聖）的甲骨文如，小篆如（由“耳”“王”“口”组成）。《说文解字》曰：“（聖）通也。从耳呈声。”古语有“睿作圣”之说。凡一事精通，亦得谓之圣。段玉裁注：“圣（聖）从耳者，谓其耳顺。”并引《风俗通》作进一步注解：“圣者，声也。言闻声知情。”俨然阐释了“圣”（聖）中的心理分析寓意（申荷永，2017）。

⑥ 这也是荣格在其自传《回忆·梦·思考》的最后所感悟到的，冥冥之中已处圣者境界。

(《道德经》第七十九章)① 的意义。

老子，其为圣者，具有圣者之耳与圣者之心。老子名“李耳”(“李”也有“里”［内在］之谐音与会意)，其字“聃”②，便是耳顺的“圣”(聖) 意。聃为大耳，正所谓“大而化之之谓圣”(《孟子·尽心下》)。

浑然天成的泉州老子像

佛的耳朵也总有如此之大的意象，同样包含圣者之心与圣者之耳。观音菩萨之观世音，也包含这“耳”以及“听”(聽) 的意象与意义。《楞严经》第六卷开篇云：“世尊。忆念我昔无数恒河沙劫，于时有佛出现于世，名观世音。我于彼佛发菩提心。彼佛教我从闻思修，入三摩地。初于闻中，入流亡所。所入既寂。动静二相了然不生。如是渐增。闻所闻尽。尽闻不住。觉所觉空。空觉极圆。空所空灭。生灭既灭。寂灭现前。忽然超越。世出世间。十方圆明。获二殊胜。一者，上合十方诸佛本妙觉心，与佛如来同一慈力。二者，下合十方一切六道众生，与诸众生同一悲仰。”观世音，发菩提心，从闻思修，便是正念与慈悲。观音之听，闻所闻尽，尽闻不住……其中包含正念与慈悲。观世音之“耳根圆通法门”，观无声

① 中医有“耳为肾候”(“耳”之甲骨文既象耳，也如肾之象形) 之说，认为肾主智藏精，与心主神明相辅相成。《易传·说卦》称“坎为耳”，也将坎比喻为肾。坎离 (以离喻心) 之用如心肾之交，心肾交而水火既济，心肾开而水火未济，其中已涵盖《易经》之心理分析的要义。

② 如苏轼诗中所赞：“聃耳属肩，绮眉覆颧。”(《补禅月罗汉赞》)

之声，悉天籁之音。缘心自在，声闻缘觉，反闻闻自性，包含对心理分析的绝妙启示。世尊慈悲，有楞严之教，本心自性，正是心理分析的追求。

四川乐山大佛

洛阳龙门石窟卢舍那佛

孔子，如我们前面所提到的，在其一生中也有这圣者之耳的意象与意境："吾十有五而志于学……六十而耳顺，七十而从心所欲，不逾矩。"（《论语・为政》）可见，耳与听，对于儒家来说也如此重要。

"听"（聽）的右边，是"直心"（十目一心①）的意象。其甲骨文（）之上面为"直"（《易经》直、方、大之"直"）②，下面是"心"（一心）③。实际上，这也正是汉字"德"（悳）的本义字。《说文解字》曰："（悳）外得于人，内得于已也。从直从心。"段玉裁注："内得于己，谓身心所自得也。外得于人，谓惠泽使人得之也。"多么完美的心理分析阐释！《正韵》有言："凡言德者，善美，正大，光明，纯懿之称也。"

---

① "十"，根据《说文解字》的解释，涵盖东西南北、四方中央，本具贯通之意。"目"为心之符，犹如眼睛为心灵之窗。《易传・说卦》中称"离为目"。如坎之喻耳与肾，离卦之意象寓心与目。

② 《说文解字》称"直"其为"正见"，寓十目所见之"直"。《易经》坤卦之"直其正也"、《尚书・洪范》之"王道正直"，皆彰显其本义。也如《楞严经》中世尊对阿难的教诲，要证得正知正觉的无上菩提，大门只有一个直径，这个直径，就是直心。"直心"喻"悳"（德），此之谓也。屈原《楚辞・惜颂》也有"听直"之说，甚是美妙："令五帝以折中兮，戒六神与向服。俾山川以备御兮，命咎繇使听直。"

③ 一心之"一"，看似简单，寓意非凡。《广韵》称"一"为"数之始也，物之极也"。《说文解字》曰："惟初太始，道立于一，造分天地，化成万物。"《易传・系辞下》中有"天下之动，贞夫一者也"。

《尚书》之"九德"、《周礼》之"六德"①，皆为核心心理学之心理分析的方法与基本原则。于是，"听"（聽）中之"德"（悳）是一种德性，缘心自在，身心自得，由此形成"主动倾听"的品质与态度，如庄子之《德充符》，德充于内而符应于外。因此，凡心理分析之积极想象、沙盘游戏之共鸣、意象体现之体悟，以及核心心理学之"感应心法"，皆唯有"德"（悳）者能之。

总之，汉字"听"（聽），喻聪喻圣，寓心寓德。听中有道，圣聪如闻，如听之善行。庄子的"心斋"之说，也有"听之以心"的启示、"主动倾听"的内涵与原则，其中包含"听之以气"的方法与智慧：虚而待物，惟道集虚，妙在一心；耳根圆通，闻所尽闻，尽闻不住；觉所觉空，空觉极圆。由此，可领悟核心心理学之听息法门。

约翰·比毕的"斐恩讲座"专著《德行深远》（*Integrity in Depth*）出版的时候，"德"的甲骨文被作为封面。

可见，若能理解汉字"听"所包含的意象，那么，我们便可以感受与阐释"主动倾听"。当庄子以"心斋"阐述"听之以心"的时候，其中也包含这种主动倾听。也如荣格对庄子的回响："庄子这样说：'无听之以耳而听之以心，无听之以心而听之以气。耳止于听，心止于符。'这明显指无意识的绝对知识，意指宏观事件在微观世界中存在。"（Jung，1952/1969a，§923）

张钟元［爱诺思东西方文化圆桌会议主讲人（1956—1957），曾与荣格有书信往来］，曾住在多拉·卡尔夫家中，教其中国道家之"听之以心"。在

① 《尚书·皋陶谟》之"九德"："宽而栗，柔而立，愿而恭，乱而敬，扰而毅，直而温，简而廉，刚而塞，强而义。"《周礼·地官》之"六德"："知、仁、圣、义、忠、和。"

实际的操作中，这也被称为“听息法”。汉字“息”，由“自”（鼻子）与“心”组成。“自”以及“鼻子”的象征，包含自我与自性的意象。

我曾专程采访马丁·卡尔夫（沙盘游戏创始人多拉·卡尔夫的儿子），谈到他母亲与张钟元的关系。马丁·卡尔夫回忆了张钟元住在他们家，教授他母亲“听之以心”的方法。马丁·卡尔夫说：“真的是很有效的方法，我母亲每天都练习实践。”

与马丁·卡尔夫在其家中（2007）

以汉字“听”的意象为线索，我们获得了“听之以心”或“主动倾听”的方法：以圣者之耳与直觉之心，听取种子萌生，以及生命生长的气息；同时，听之以气，获自性之意，以及道的意境。由此可见，听是一种境界，一种心灵所能达到的境界。我们可以反听内视，闻声知情，得悉天籁之音。诚如庄子所言，夫天籁者，“吹万不同，而使其自己也，咸其自取，怒者其谁邪”（《庄子·齐物论》）。这便是今者“吾丧我”之妙解，也是核心心理学之心理分析的关键；这便是自性之涌现、心灵之感应；这便是我所称的“听之以心”或“主动倾听”。

第三节　爱心无尽藏：慈悲疗法

弗洛伊德曾这样说：“爱与工作……工作与爱，尽在其中。”（Love and work…work and love，that’s all there is.）或许，对于精神分析与深度心理治疗来说，确实如此。当我采访珍·科兹（Jean Kirsch），问其有关心理治疗与心理分析过程中最重要的治愈因素的时候，她果断回答：“是爱，爱能治愈。”

“爱”（love）是美妙、不可思议的人类体验。我们都知道灵魂女神

(Psyche）与爱神丘比特的故事，其中就包含心理学的缘起，以及爱的原型意象。

当被问及何为“仁”的时候，孔子说：“爱人。”（《论语·颜渊》）

那么，如何去做呢，尤其是对于心理分析来说？

让我们来感受汉字“爱”的意象：。①

“爱”（愛）中有四个主要字素：上面“爫”构成为鸟的爪形；然后是“冖”，寓意覆盖；下面是“夊”，行皃（貌）；居中为“心”。

鸟之爪，其甲骨文（）的本义为抓取、获得。若联想到与其有关的“妥”与“孚”，或可获得进一步的理解。比如，“妥”（甲骨文如）由“爫”与“女”组成，本义为安、适当；“孚”（甲骨文如）由“爫”与“子”组成，本义为诚、信。

汉字“孚”（诚、信），取象于鸟之孵卵，意象中包含其原型意义。②“孚”也是《易经》第六十一卦的卦名：中孚（卫礼贤翻译为“内在真理”或“内心诚信”[Inner Truth]）。正如卫礼贤的解读：“汉字‘孚’（诚信、真理）实际上是鸟爪与幼鸟的图画，包含孵蛋与孵化的意象。”（Wilhelm & Baynes Trans.，1967，p. 235）③ 卫礼贤接着说：“其中包含这

① 《说文解字》有收入“夊”部之“爱”（愛）：“（愛）行皃（貌）。从夊㤅声。”“夊”字被注为“慢慢行走的样子”。《说文解字》释曰：“行迟曳夊夊，象人两胫有所躧也。凡夊之属皆从夊。”“夊”部汉字不多，常用的有“处”“冬”“备”“复”“夏”等。“夊”字古同“绥”，音义相近。《诗经·国风·有狐》中有“有狐绥绥……心之忧矣”的表达，一向被视为情诗。“绥”中之“妥”本为安，“妥”也为“侑”，“侑”为相助，如《诗经·小雅》有“以妥以侑”的表达。“妥”之爪下“女”，也如“孚”之爪下“子”，寓意诚、信。“绥”之“糸”如丝，有蚕之意象，如系如素，如约如继，如辔如恋。《周易集解》引《子夏传》曰：“恋，思也。”

② 徐锴《说文解字系传》释曰：“鸟之孚卵，皆如其期，不失信也。鸟袌恒以爪反覆其卵也。”“鸟之孚卵”，包含生动的意象和意义。生意初胚，天心可见，故孚寓诚、信，具中和与造化之功。在心理分析的意义上，“鸟”的原型意象丰富深远，寓意天使、神医，乃至心灵。

③ 《易经》之风泽中孚，兑下巽上，具中庸之德，如其卦之意象：不偏不倚，至于中行。其象曰：“中孚，柔在内而刚得中，说而巽，孚，乃化邦也。豚鱼吉。信及豚鱼也。利涉大川，乘木舟虚也。中孚以利贞，乃应乎天也。”可见，爱中寓孚，具此和化之功与中孚之信，如其九二爻所示：“鸣鹤在阴，其子和之，我有好爵，吾与尔靡之。”其象曰：“其子和之，中心愿也。”这正是同声相应，同气相求；天性之乐，至诚至信。

样的道理：若一个人内心存有同类精神，则会发生自发或无意识的影响……这是通过精神吸引力而唤醒的人类回响。每当一种感情被真实和坦率地表达时，每当行为明确表达情感时，就会产生一种神秘而深远的影响。首先它会对那些内心接受的人起作用，并且其影响的范围会逐渐扩展。所有影响的根源在于一个人自己的内心存在：在言行中得到真实而有力的表达，其效应甚巨。这种效应只是源自人本心的表现。”（p. 237）关于中孚卦的意象和意义，卫礼贤还说：“这正是内在之心的情感体现。”（This is the affection of the inmost heart；p. 701）犹如“感应”，感之于心，应之于心。

“爱”（愛）中“爫”下的字符为“冖”，其甲骨文（冂）的本义为覆，寓意保护。[①] 当其组合于爱之意象时，就呈现出洞穴与孕育处（子宫）的寓意。[②] 就“洞穴”而言，可联想到“山顶洞人”（留下打磨过的石器、用火的痕迹、骨针和缝织物，以及诸多与狩猎、采集和捕鱼有关的工具）。可见，洞穴也是孕育人性之所，如人猿相揖别的形容与分界。而其中的“子宫”意象，是母性所在，或寓意大母神孕育新的生命。两者均属爱的深意。

“爱”（愛）下之“夊”（夊），其本义，其引申，如绥如妥，姿态美丽。就此字形来说，它与长久之“久”接近（简体之“爱”下面的字符为“友”），亦有“牵手”（支持与和谐）之意象。[③]“爱”（愛）之核心为

---

① 《玉篇》将“覆”释为“以巾覆物”，通“幂”。其上之“爫”同时可为“宀”，交覆深屋也，寓意保护容纳，具有遮风挡雨，以御野兽之原始房屋意象。可见，“宀”部有安有守，有容有家，有寓有宁……皆人爱的古朴意象之中。

② 在我看来，对于心理分析来说，这“冖”与“宀”，不仅是一般房屋之保护和容纳，而且，如“爱”（愛）之古文所示，犹如母亲之子宫，犹如子宫所包含的生命之孕育。当然，这里不仅是作为个体的母亲，也如大母神之原型意象，这便是爱的容纳与保护。

③ “愛”下之“夊”，不仅为绥为妥，或行皃（貌），也包含朝夕之“夕”（日夜相伴）和长久之“久”（长久永远），如《诗经·小雅·白驹》之“以永今夕”，也如苏轼《水调歌头》之“但愿人长久，千里共婵娟”。同时，我将“愛”之“心”与“夊”理解为“心手相牵”。同志为友，“友”之甲骨文有双手意象，意为同志而握手，亦有坦诚相见、相互支持之象征；而牵手既有战情之情，亦有爱情之表达，如《诗经·邶风·击鼓》：“生死契阔，与子成说。执子之手，与子偕老。”

“心”，居中，正是《大学》之“正心诚意”的体现。

在“爱”（愛）之外，还有“㤅”与“⿱既心”之古体字。[1] 两者均有“气”“心”，似乎与“息”有所关联，有心之自性或自性之心的寓意。

可见，汉字“爱”（愛）中的所有象征，共同构成了爱之内涵与意义，同时也是我们心理分析专业实践的指引与线索，具有继续探索与理解爱之深意。

《说文解字》中以“慈”注解“爱”（愛）。汉字“慈”（），如心之生长与发展，同样可以帮助我们反思爱之意象与意义。

“慈”与“悲”组成“慈悲”。其中，悲之意象为“非心”，或心分离与丢失。然而，以中国哲学的方法论，当悲与慈组合为慈悲的时候，犹如执其两端而用其中，便具有了新的意义。也如德尔菲神庙的启示：“苦难即自知”（the suffering，the knowledge）。中文“慈悲”，以及佛家之慈悲，均包含一种大爱。

2007 年，我们启动“心灵花园”公益项目，旨在用核心心理学、心理分析与沙盘游戏，来帮助孤儿的心理发展。汶川大地震发生后（2008），我们立即前往震区提供心理援助（包括 2010 年玉树大地震），历时 10 余年坚持工作至今。如今，我们已在全国范围建立 80 余所“心灵花园”工作站（大都位于儿童福利院）。人们称“心灵花园”的心理援助为“慈悲疗法”。第八届心理分析与中国文化国际论坛（西安，2018）专门举办了有关“心灵花园”的主场研讨会：“心理分析与文化心灵”。约翰·比毕、山中康裕、考宁汉（Lauren Conningham）、玛丽·凯雅（Mary Ellen Chiaia）、艾玛·樋木（Irmgard Else Thom）、高岚与我，分别做主题发言。围绕大会主题“觉悟与自性化：东方与西方”，我们选择“意象、方法与意义”，作为对文化心灵，

---

① 《说文解字》释曰：“（㤅）惠也。从心旡声。”“㤅”之“旡”，也如“炁”，为气，从既。道家常将“炁”作为先天真气，如关尹子所说：“以一炁生万物。”（《关尹子·六匕篇》）于是，㤅之爱也含“息”之意蕴，息本从心从自，自心之说，也融入爱之原型心意。

以及“心灵花园”工作的反思与总结（Cao，Gao，Jia，& Wu，2019）。

第八届心理分析与中国文化论坛与会者合影（2018）

爱唯寓于心灵，心灵唯爱入圣（For as Love cannot dwell in any other place but the Soul，the Soul cannot enter Heaven but through Love）。这也是慈悲的体现，亦是以心传心，心心相印。

第四节 惠心有孚：命运心理学

有两个汉字与智慧有关，即“智”与“惠”，两者皆寓心其中。

智慧之“智”，本义为知识、智力与智慧。与之相关的汉字为“哲”，本义为聪慧与圣哲。“哲”也是哲学之“哲”，其甲骨文（）包含心的意象。

汉字“惠”，本义为仁爱，或称为惠心。在《易经》益卦中，有对此惠心的描述：“九五：有孚惠心，勿问元吉。有孚惠我德。”① 荣格在写给诺伊曼②的一封信（1952 年 2 月 28 日）中使用了益卦，当时他谈到有关著

① 益卦之象曰：“惠我德，大得志也。”九五本为卦心所在，相孚坎离之应，也为核心心理学“感应心法”的组成。

② 诺伊曼（Erich Neumann，1905—1960），荣格最为出色的学生之一。其 1949 年出版的《意识的历史与起源》（*The Origins and History of Consciousness*），以及数年后出版的《大母神》（*The Great Mother*，1955），都堪称心理学以及哲学经典。他也被誉为最后一位德国古典哲学家。

作的写作和影响，以及诺伊曼的抑郁情绪时，荣格希望《易经》的益卦能给诺伊曼以启发："我觉着你的抑郁与正午的神秘感相伴而行……而对话已经开始（诺伊曼求问《易经》获益卦）。'或益之十朋之龟，弗克违。'[①]若一个人出于内在之需而为善，那么对于这个人而言，即使是不幸的事件，也会转化为吉祥。人真的应该呈现于上帝，这样人们所追求的事情将被确认为真理。我觉得这益卦真的是非常适合（你的求问与状态）。你只需静静地聆听，若'有孚惠心'，你将听到你所期望的。"（Jung，1973e，p. 42）

《说文解字》曰："（惠）仁也。从心，从叀。"[②]"惠"的甲骨文（）之上面是"叀"（纺砖），下面是"心"。在此汉字中，我们可以感受与学习"纺砖"的特殊意象与意义，尤其是所包含的对于心理学以及心理分析的启迪。若是说男耕女织本为自然分工与文化使然，那么，采桑养蚕，抽丝剥茧，纺线织布，哺育滋养，也造就女性的本质，其中的温柔、关怀，顺静、安贞，细致、敏感，耐心、坚忍，含章可贞，富有智慧，坤厚载物，德合无疆。如《易经》坤卦六二之"直方大，不习无不利"，彰显女性与母性直其正、方其义、大其德之原型意象。亦如《易传·文言》所述："君子黄中通理，正位居体，美在其中，而畅于四支，发于事业，美之至也。"

"叀"的篆体（）、甲骨文（、）、金文（、）皆为纺砖之象形。其甲骨文与金文之上部如三股丝线，由纺砖收束在一起，正是古人纺织所用器具。由"叀"及"專"，纺砖下垂，引申为"懸"（悬）。懸

① 益卦六二爻："或益之十朋之龟，弗克违。永贞吉。王用享于帝，吉。"

② 徐锴《说文解字系传》之"为惠者，心专也"，也是绝妙解读。古语中有"安民则惠"（《尚书·皋陶谟》）和"惟惠之怀"（《尚书·蔡仲之命》），皆表达惠之仁爱，实为惠之内涵。《诗经》中有"子惠思我，褰裳涉溱"（《郑风·褰裳》）、"惠而好我，携手同行"（《邶风·北风》）、"终温且惠，淑慎其身"（《邶风·燕燕》），皆显惠中寓意：善心安爱，女性情怀。"（惠）仁也""仁者爱人""惟惠之怀"，皆含无限心意。亦如"有孚惠心"之寓意，以心行惠，心无尽，惠亦然。

（悬）者，心上之縣（县）；縣（县）者繫（系）也，如系之意。如《易传·系辞上》之“縣（县）象著明，莫大乎日月”，皆在启示其寓意与象征。在徐中舒主编的《甲骨文字典》（1988）中，（叀）被解为“象纺砖上有线穗之形”，并释义“读与惟同”（451 页）。王献唐、朱岐祥等，也都从“叀”之象形，解读其中纺砖之象：上为线系，中为线穗，下为线锤……在此古朴字形中，已然涵容古老纺织的原型意象，我们可以从中体会那远古纺织的劳作与感觉。

“專”之甲骨文（）有以手转纺轮之象。于是，“转”之“动”与“旋”，以及“转运”之说皆由此而生。“專”象形而会意，以手运“叀”，使纺砖旋转，引申为“圜转”。《史记·屈原贾生列传》中有“大專盘物兮”之说，《汉书》将其称为“大钧”。《史记》之《邹阳传·集解》引《汉书音义》曰：“陶家名模下圆转者为钧。言其能制器大小，以比之于天。”对此《正字通》亦有注解：“陶家名转者为钧，盖取周回调均之义。如《汉志》所述：‘钧者，均也。阳施其气，阴化其物，皆得其成就平均也。’”陶者运钧与纺砖之旋转或有相类似的感觉与象征，皆存有从体认到体悟之核心心理学的要义。

如果我们将“纺砖”作为线索，那么，我们将与“纺织”的原型意象相遇。进一步，我们会遇到相关的丝线、蚕丝、养蚕，以及纺线与经纶。

《易经》第三卦为“屯”，“屯”之甲骨文（）犹如种子最初的萌芽。如卫礼贤的解释：“卦名为屯，真的是意味着种子萌芽初生，破土而出——因此，其含义有‘初始的困难’，其卦象表示天地化生的方式。”（Wilhelm & Baynes Trans.，1967，p. 16）屯卦彖辞曰：“屯，刚柔始交而难生。动乎险中，大亨贞。雷雨之动满盈，天造草昧。宜寻建侯而不宁。”其象曰：“云雷，屯。君子以经纶。”卫礼贤对此做进一步的阐释：“云和雷均由明确的线索表示，这意味着在开始困难的混乱中，已隐含某种秩序。因此，君子也必须安排和组织这种初始的萌发，如同抽丝剥茧，经纶纺线。为了在无

限的存在中找到自己的位置，就必须既能分离也能整合。”（p. 17）

从“屯”之意象与意义，我们可以来感受汉字“生”，生长之“生”，生命与生活之“生”：。正如《易传·系辞》所言：“天地之大德曰生。”“生生之谓易。”若是将此“生”的意象，与“心”合一，那么，便可得到汉字“性”，本性与心性之“性”：。

据《史记》记载，黄帝之妻嫘祖开始养蚕冶丝，发明纺织工具。在桑蚕文化的原型意象中，包含丰富的心理学意义与启示，诸如养蚕、采桑、蚕茧、纺纱和编织，其中大都为女性本性之缘起。在牛郎与织女的故事中，织女也是织女星（Vega，又称织女一或天琴座 α）的象征。[①]

织如丝（），蚕所吐也。颜师古《急就篇注》曰：“抽引精茧出绪曰丝。”这也属深远的心理分析意象。于是，织女总与“蚕”“桑”有关，自然引出嫘祖的传说。《说文解字》释“桑”（）为“蚕所食叶木”。徐锴《说文解字系传》有注“叒”音“若”，并特别提示“日初出东方汤谷所登搏桑。叒，木也”，称其为“蚕所食神叶”，故有“日出扶桑”“天子命桑”之说。也有释“桑”为中央之本的：“桑弧蓬矢六，以射天地四方。”（《礼记·射义》）

诸多古文化中都有类似“织女”的神话与传说。比如，涅伊特（Neith）是埃及文化中的早期女神，本为狩猎和战争女神，但其圣书体的名字（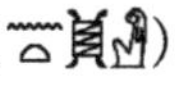）正是“纺织”，故也为“纺织女神”。涅伊特也有智慧女神

① “织女”也为七星娘娘，《史记·天官书》将其记为“天女孙也”。也如《诗经》中记述：“维天有汉，监亦有光。跂彼织女，终日七襄。”（《小雅·大东》）班固《西都赋》亦有对织女的描绘：“临乎昆明之池，左牵牛而右织女，似云汉之无涯。”《古诗十九首》中更是有对织女的赞美（《迢迢牵牛星》）：

迢迢牵牛星，皎皎河汉女；
纤纤擢素手，札札弄机杼。
终日不成章，泣涕零如雨；
河汉清且浅，相去复几许？
盈盈一水间，脉脉不得语。

中国新石器时代的彩绘
（大汶口遗址）

织女石雕（公元前5—6世纪苏萨，
伊朗历史博物馆）

美索不达米亚的织女石雕
（公元前5世纪）

古希腊的纺织女神彩绘
（公元前550—前530，纽约大都会博物馆）

之称，其形象总是头顶织布梭，仿佛整个世界都尽在其纺织中。实际上，北欧神话中的“诺伦三女神”，以及希腊神话中的“命运女神”，也都是以纺织女神的形象出现的。摩伊赖（Moirae）是命运三女神的统称。其中克洛托（Clotho）为命运纺线，将生命线从其卷线杆缠到纺锤上；拉克西斯（Lachésis）为命运决策，负责用其纺杆丈量丝线；阿特洛波斯（Atropos）为命运之终结，用其剪刀割断生命之线。

总之，在与智慧有关的汉字中，我们相遇蚕桑文化、纺织与经纶、女性本性，以及命运女神。通过心上之“叀”、寓心之“惠”的意象，我们感受到采桑养蚕、吐丝结茧、成蛹化蛾和抽丝剥茧、纺线编织的原型体验，以及其中所包含的涵容命运的核心心理学。正如“经纬”和“经纶”的寓意：“君子以经纶。”（《易经》屯卦）亦如《中庸》之教：“唯天下至诚，为能经纶天下之大经。”心上之“叀”，“惠”之心意。当“叀”与

埃及护身饰物（右边是头戴织布梭的纺织女神涅伊特）

摩伊籁（命运三女神）

《一根金线》（*A Gold Thread*，命运三女神）1885 年由 J. M. 斯图威克（John Melhuish Strudwick）所作，右边为纺织生命之线的克洛托，左边是测量生命之线长短的拉克西斯，居中者为阿特洛波斯，她可用其剪刀剪断生命之线。

“心”合而为“惠”的时候，同样具有了超越性意义或超越性功能，如“愈”之“心上之舟”，如“听”（聽）之以心……正是核心心理学之精义入神，以致用也。王弼注《易经》益卦之“有孚惠心”曰：“惠之大者，莫大于心。”“惠”亦通“慧”，为命运之理，智慧之所在。

第五节 觉悟与自性化

汉字“悟”，简明绝伦，不可思议。同样，自性与自性化，在中文的表达中，也寓意非凡。在我们讨论了诸多汉字之象形会意之后，我们知道，在其原型意象中，包含无限深意。对汉字意象的分析，可以帮助我们对觉悟的内涵与意义有进一步的理解，同时也能帮助我们获得觉悟与自性化的方法与途径。

荣格认为，东方与西方的宗教概念通常相差甚远，很难翻译，很难传达其本来的意义。因此，有的时候，可以考虑保留其原来的“面貌”。比如，中国禅宗之“悟”，以及道家之“道”，几乎都是难以翻译为西文的概念。荣格说：“从我们所知的禅的本质来看，我们又碰上了一个无法超越的核心概念。这个奇特的概念就是‘悟’（satori），也可被翻译为‘觉悟’（enlightenment）。”（Jung，1939/1969b，§877）然而，尽管可遇不可求，荣格依然致力于将禅与觉悟融入其分析心理学。

那么，让我们来看一下汉字“悟”：。多么美丽的意象！让我们沉浸其中，尽情想象，感受其中的感觉与意义。

“悟”字简明，由“心”“吾”组成，形声、象形而会意。《黄帝内经·素问》之《八正神明论》中有“慧然独悟”之说，一个“悟”字，已然涵盖中国文化之核心意义。《易经》之本质实为“得悟”，如其《河图》《洛书》之缘起；儒家之“悟”正是其心性本然；道家讲“悟道”，本为虚心之妙用；佛教禅宗，也正是“觉悟”所在。

对于“心”的意象与意义，我们已有较为充分的分析与讨论。[①] 那么，

① “悟”中之“心”，如核心心理学之基本阐释，寓意深远：“心者，生之本，神之变也。”（《黄帝内经·素问》）心者，灵之舍也，亦如《易经》复卦之“复其见天地之心乎”！心如核，如仁之原型意象；心如种，如心灵之种（希腊之“心”也即“核-心”之“种子”意象）。也如孟子所言：“仁义礼智根于心。”（《孟子·尽心上》）其中包含无限深意。

现在就让我们集中于“悟”中之“吾”。

“悟”中之“吾”,《说文解字》释为“我，自称也”。《尔雅·释诂》也持同样观点:“吾，我也。”然而,“吾”与“我”之原型意象显然有所不同，各自蕴含深远的心理学智慧，包含对深度心理治疗与心理分析的启示。

“我”，汉语中的自我,《说文解字》释为“施身自谓也”(“或说古垂字，一曰古杀字”)。其甲骨文如，徐锴《说文解字系传》曰:“从戈者，取戈自持也。”可见，就其基本含义而言,“我”表示与他者相对的存在，给人一种向外进取之意象，近于心理学中的意识(自)“我”(ego)。

庄子有“吾丧我”之说，观其《齐物论》，相对于“我”，庄子已将“吾”作为(内在)真正自我或“真我”来表述。或曰，唯此真我，始可感受“天籁之音”，始可触及“真宰”[①]与“真君”。因此，在这种意义上,“吾”之“真我”寓意，也可用心理分析的“自性”来表达。诚然，从孔子始已有“吾”之自性反省，如“吾日三省吾身”(《论语·学而》)，也如孟子之“我善养吾浩然之气”(《孟子·公孙丑上》)，以及陆九渊之“吾心便是宇宙”(《陆九渊集》卷二十二)。

从汉字“悟”的原型意象中，我们可以感受“心”与“吾”之整合的深远意义。“吾”由“五”和“口”组成，其甲骨文字形如。我们可以从其缘起意象中，感受生动的原型意义，以及“吾”之原始内涵。

有关“吾”的原型意象，也有学者认为与远古纺织有关：上面“五”()之交织，如纺砖,“口”之部分为纺轮。而“悟-吾-五”之音，亦如纺织过程所发出的声响。若是，则如“惠”之内涵(见“惟惠之怀”)纯属命运使然,“吾”同样具有“神性”，亦如庄子所描述的“真宰”与

① “宰”之甲骨文如,《正字通》解为事物之主。《史记·礼书》有“宰制万物，役使群众”之说，而《荀子·正名》则有“心也者，道之工宰”之说。

“真君”①。

甲骨文中，也有近于“吾”的字，被认为是一种止乐之乐器，包含“禁”义，也被借用为“禦”（御），别具一番寓意。② 这字，也即《说文解字》中的“敔”，本与“吾”同。

“禦”（御）与“吾”同声，古文同“敔”（吾），亦与“衙”相近。篆体中有形象的“衙”（），“吾”端居其中。《类篇》中记为：“古者军行有衙，尊者所在，后人因以所治为衙。”唐代将“衙”称为“天子所居”之处③，也能让人联想到“真宰”之寓意。

“悟”“吾”之“口”，本为象形，寓意言食。然而，也如智者所言：“口者，心之门户。”（《鬼谷子·捭阖》）。因此，观“口”部之汉字组成，如言、含、古、中、吉、君、史、名、合、和、启、咒、命……皆有特殊的“会意”在。凡言者之“信”（）、含之包容（含弘光大）、古者之“始”、中（从口丨）者之“内”、吉之为“善”、君之“发号”、史之“持中记事”、名之“自命”、命之“天言作命”、和之“相应”……保和太和，超然入圣，均会意于“悟”“吾”之“口”中。

“吾”中之“五”，看似简单的数字，却蕴含至深哲理。其甲骨文如，《说文解字》释曰：“五行也。从二，阴阳在天地间交午也。”也就是说，“五”之上“一”代表“天”，下“一”代表“地”，天地之间阴阳之“交”。多么简明美妙的意象！段玉裁注曰：“古之圣人知有水火木金土五者，而后造此字也。从二。像天地。”可见，在“五”的意象中，已然涵盖天地、阴阳及五行。

于是，“心”上之“五”——“㐅心”，便是古“悟”字。

---

① “君”之金文如，《说文解字》释为“尊也，从尹，发号”。《白虎通》云：“君者，群也，群下之归心也。”《易经》师卦曰：“大君有命。”

② 《说文解字》：“禦（御），祀也。”

③ 《新唐书·仪卫上》：“唐制，天子居曰衙。”

至此，已然触及“吾”作为“自性”的原型意象及深远意义。①

在汉语中，我们有另一个与“悟”十分接近的汉字：“觉”。实际上，“觉”与“悟”常常连用为“觉悟”。“觉”之篆体如。根据《说文解字》的阐释，“觉”与梦中的洞察有关。② 这确实颇具深意。汉字“觉”，如埃及圣书体与象形字，包含特殊的故事：《易经》卦爻之象的启迪。

如我们前面所述，《易经》缘起于《河图》与《洛书》，其中包含易之最初意象。古人常将“五”释为“中数”（《增韵》），也与《河图》《洛书》有关。荣格熟悉《河图》《洛书》，多次用其来表达自性与自性化的神秘与神奇。比如，在《转化的象征》第二卷阐释“力比多受阻”（blocking of libido）与马的意象时，荣格说：“传说《易经》是由一匹身上带有神秘图案（《河图》）的龙马背负到中国的。”（1911－1912/1952/1977a, §423，n. 21）荣格曾在柏林做过有关曼荼罗的一次讲座，后收入《荣格全集》第九卷（之一）中，题目为《关于曼荼罗象征》。在这篇论文中，荣格进一步讲述与分析了与《易经》有关的《河图》。荣格在文章中说：“《河图》是《易经》传说中的基础之一，其目前的形式大概源自公元前 12 世纪。根据传说，一匹龙马从河里捞出了《河图》。智者发现了它上面的图案，以及图案中有关世界秩序的法则。如此古老的神秘之图，显示了表示数字的‘节绳’（knotted cord，又译作准绳）。这些数字具有种种原始特性，尤其是阳性和阴性。所有奇数均为阳性，而所有偶数则为阴

① “悟”为“心解”，或“解心”（《玉篇·心部》），亦如“心理学”包含“学理心”。正所谓医之上者，理于未然。也如《说文解字》释“理”为“治玉”，以获玉之“五德”。可见，悟之心意——吾即是心，心即是悟，认识自己，成为自己，或者自性体验与自性化过程，尽在其中。

② 《说文解字》释“悟”为“觉”（“从心吾声”），觉者明也，直也，言高大者，从见；进而释“觉”为“寤”。《周礼·秋官》有司寤氏，其中之“寤”便被注为“觉”。也如《春官·大卜疏》所说：“精神寤见，觉而占之。”进一步，《说文解字》释曰：“寐觉而有信曰寤，从㝱省，吾声。”由此，引出一个特殊的汉字：“㝱”（亦“梦”之古字）。而许慎将其解释为：“寐而有觉也。从宀从疒，梦声。”同时引用《周礼》：“以日月星辰占六㝱之吉凶：一曰正㝱，二曰噩㝱，三曰思㝱，四曰悟㝱，五曰喜㝱，六曰惧㝱。”借用荣格《红书》体验，那么，这汉字“悟”“寤”“㝱”“觉”，也便具有无意识的体验与收获、深度精神的指引与启示。正如庄子所言：“且有大觉，而后知此大梦也。”（《庄子·齐物论》）

性。”（Jung，1950/1981b，§642）古人将“五”释为“中数”或“心数”，正是《河图》与《洛书》之核心意义的体现。

《河图》及其数字魔方

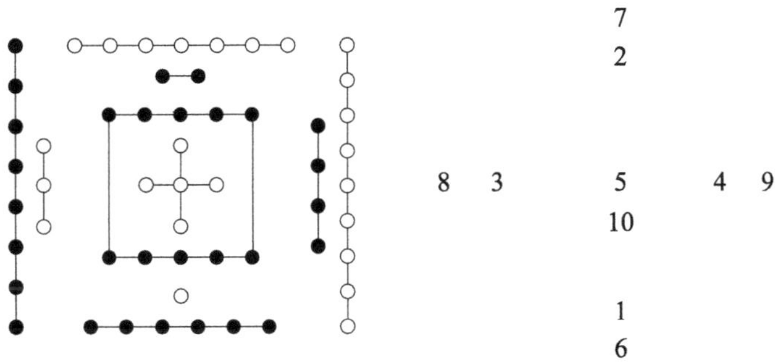

《洛书》及其数字魔方

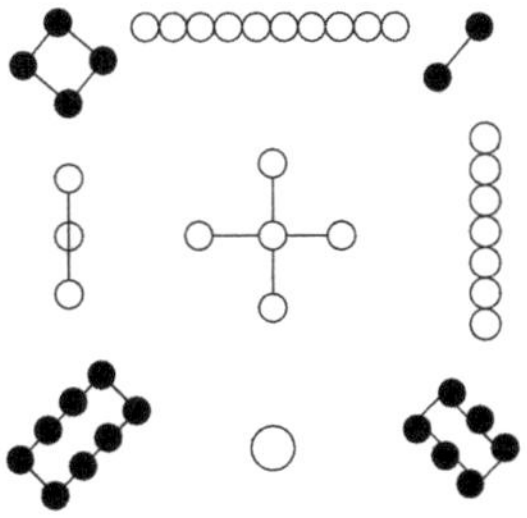

4	9	2
3	5	7
8	1	6

《河图》与《洛书》及其数字魔方

如前文所述，《河图》之中为“五”和“十”，四边之数相减均为“五”，中数也寓“五”及“十五”。《洛书》之中也为“五”，其四边之数，横竖斜向之数相加，皆为“十五”。可见，在《河图》与《洛书》的原型意象中，“五”居中，为“交午”，为“结点”（the point），为核心，为中央之数，含阴阳二气之全，如《易传·系辞上》所言：“天数五，地数五，五位相得而各有合。”同时，《河图》《洛书》之“五”也为五行之本，道心所在。道心也即“天地之心”或“宇宙之心”。在这种意义上，《河图》《洛书》中央之“五”以及“吾”的原型，全然若心理分析之“自性”蕴含，也如核心心理学的基本观点：意识之我（ego）臣服之时，内心自性（Self）始能涌现。荣格在其《个体的梦之象征与炼金术的关系》一文中说：“宇宙灵魂的观念与以自性为核心的集体无意识相符合。”（Jung，1936/1980，§265）可见，“道心惟微”，吾即是心，心即是吾，遇心则悟。意象之深意，唯核心获感应。

（五，5）

（吾，self）

（悟，enlightenment）

从觉悟的“觉”与“悟”之意象中，我们可以来反思与其相关的两个汉字：“学”与“哲”。”学“之篆体如：上面的字符与“觉”一样，包含《易经》卦爻之意象与意义；下面为受保护之学子的象征，这也是《易经》蒙卦之意象。卫礼贤将蒙卦翻译为“年幼无知”（Youthful Folly），瑞策玛则译为“蒙发”（Enveloping）。蒙卦之潜在意义，或其目的，正是启发与启蒙。

在《博雅》中，“觉”被注解为“哲”（哲学之“哲”，哲理之“哲”）。汉字“哲”之甲骨文如：上面是“折”（折中之“折”），下面是“心”，同样可以给我们深刻的启迪。

“觉”“学”“哲”三个汉字，足以帮助我们理解觉悟所给予的启发与启蒙。我们将其带入实践，体用结合，以体认、体会、体现、体验、体悟，作为心理分析、沙盘游戏与梦的工作的方法与步骤。

对于荣格来说，汉字以及《易经》卦象，均为可读的原型（readable archetype）。① 荣格从东方觉悟的意象中获取灵感与启发，进而阐释其自性

① 这是我常“引用”（荣格）的一句话。在复旦大学的一次学术报告中（2010），与荣格做过面对面心理分析的托马斯·科兹对我说：“自从听你说荣格有这么一句话，我便去翻《荣格全集》，但翻遍了也没有找到荣格这句话的出处。”接着，托马斯·科兹幽默地说：“以后，就说‘荷永说汉字是可读的原型’好了，反正荣格也会同意的。”不过，在荣格的《神秘参与》中，确实有类似的表达（Jung，1955－1956/1977b，§401）。

的内涵与自性化的意义。荣格认为，“觉悟”是“破我执”之后而获得的“大解脱”。在觉悟中，存有洞察自性之本质的智慧。在荣格看来，觉悟是一种超越——寓意人的心识超越了意识自我的局限而实现了“无我之自性”（“non-ego Self”）。这也犹如六祖惠能的教诲：“若识本心，即是解脱。”（《六祖坛经·般若品第二》）

荣格曾援引《楞伽经》，做如此注解：“佛祖啊……祈求你给我开示那植根于自性（Self-nature of mind）的无我（non-ego）的教义。”（Jung，1939/1969b，§890，n. 26）自性包容生命整体，自性化则可以形容为“对自性的觉察”，其中包含汉字“悟”的启发意义。自性寓心，遇心则悟。当被问及自性化的意义时，荣格回答说：“自性化追求的是一种神性的生命。”（Jung，1956－1957/1977d，§1624）这正是觉悟所在。

有时，我也赋予“心灵花园”的专业实践以一种特殊的自性化意义。我们与文化原型相遇，体验心灵的真实性与心灵的自主性，将其中的意象与意义融入核心心理学。比如，大禹之“命名”与“启蒙”（naming and initiating）、神农之“驯化”与“滋养”（taming and nurturing），以及伏羲之“时机”与“转化”（timing and transforming）。

荣格用首字母大写的“Self”来表达“自性”，正如中国文化中的“大人”（大人也可谓大写的人）：“夫大人者，与天地合其德，与日月合其明，与四时合其序，与鬼神合其吉凶。”《易传·文言》中对“大人”的形容与描述，也正是我所理解的“自性”与“自性化”的内涵与寓意。

凡《易经》与儒家，或道家与佛教，都有“悟道”之说。所前文所言，《黄帝内经·素问》之《八正神明论》中有“慧然独悟”之说，一个“悟”字，已然涵盖中国文化之核心意义。《易经》之本质实为“得悟”，如其《河图》《洛书》之缘起；儒家之“悟”正是其心性本然；道家讲“悟道”，本为虚心之妙用；佛教禅宗本为心宗，以心传心，也正是“觉悟”所在。

也如荣格所说：“如果我们把‘道’放到方法或意识层面来看，那么，其中也就包含去整合那些分裂的存在，这样我们就很接近道的心理学意义……毫无疑问，隐藏在无意识中的对立面实现其‘逆转’过程，意味着我们存在中无意识法则的重组，其目的在于获得‘自觉的生命’（慧命），或用中文的表达，悟道。”（Jung，1929/1983，§30）

在中国文化中，“觉悟”意味着自性与心的相遇。这是一种从心的领会，是自性与心的融会贯通。汉语的“心理学”，也包含“学理心”。中国文化崇尚“悟境”，这是一种唯有“心吾”才能到达的境界，所谓“心即是佛，佛即是心”，或者吾即是心，心即是悟。

在第八届心理分析与中国文化国际论坛做主题报告（2018）

荣格在其《红书》中说：“但是如何获得心的知识呢？你只有活出你全部的生命才行。”这是他在反思深度精神时所表达的，它的前面一段是：“若有人想来学习这种语言，但又有谁能来教呢？只有学术是不能的，这里有一种深邃的心的知识（a knowledge of the heart）。”（Jung，2009，p. 233）其中所包含的，既是觉悟与自性化的关键，也是核心心理学的本义所在。

第八届心理分析与中国文化国际论坛总结研讨与闭幕式（2018）

附录一 迈克尔·埃斯卡米拉专访申荷永[1]

埃斯卡米拉：目前心理学在中国的教学概况如何？

申荷永：今天心理学在中国的教学情况，与美国应是差不多，但也会有一些不同。心理学在中国是一个非常有趣的学科，反映着社会的变迁与发展。比如，23 年前，中国只有 5 个心理学系。但是如今已经有了 360 个左右。所以可以说，20 多年来心理学在中国有十分快速的发展。

心理学有不同的课程体系，但一般来说，中国的心理学教学有这样三大分类：基础心理学（包括实验心理学）、发展心理学和应用心理学。在这 300 多个心理学系中，76% 左右属于应用心理学。

埃斯卡米拉：在美国，心理学的行为与认知取向是教学的主流，在中国是如此吗？

申荷永：就大学的主流课程而言，情况相似。如今中国心理学的主流也是认知心理学，或神经认知心理学，集中在大脑和神经科学研究。行为疗法和认知行为疗法在中国也十分流行，还有格式塔疗法和精神分析。

埃斯卡米拉：荣格的理论和分析心理学在中国的大学被接受的程度如何？

申荷永：在当今中国的大部分学校，荣格的理论和分析心理学仍被作

---

① 这是对 2018 年“斐恩讲座”主讲人申荷永的采访，他于 2018 年 5 月 4—6 日，在休斯敦荣格中心主讲“核心心理学”。本次采访由休斯敦荣格中心主任迈克尔·埃斯卡米拉（Michael Escamilla）主持。

为精神分析的一部分，或包含在人格理论中。但是在有些大学，比如，复旦大学（上海）、华南师范大学（广州）、澳门城市大学（我在这三所大学分别建立了三个心理分析研究中心），荣格的理论和分析心理学有独立的课程，和精神分析在同等水平。我曾在这三所大学负责与教授心理分析的研究生课程，20 多年来有约 100 位博士、200 余位硕士毕业并获得相应的学位。①

我们翻译了《荣格全集》(20 卷)② 和《荣格文集》(9 卷)③，以及诸多荣格学者的书，如默瑞·斯丹和鲁伊基·肇嘉的著作，也包括“斐恩讲座”系列④。由于荣格和荣格学者对于中国文化的热情，诸多关于荣格思想、荣格心理分析与分析心理学的著作被中国的大学生和大众广为接受。

埃斯卡米拉：确实如此，荣格对于中国哲学有极大的兴趣及共情，比如道家与《易经》哲学。你会在讲座中讨论中国思想的这些领域吗？

申荷永：当然。道家和《易经》，以及儒家和禅宗，对于核心心理学，以及荣格分析心理学都十分重要，属于核心与关键所在。荣格自称为“道的追随者”和“庄子哲学的极度崇拜者”(Jung，June 26，1950/1973d，pp. 559 – 560)。同时，他曾有这样的表达：“我是《易经》嫉妒的恋人。”(October 25，1935/1973a，pp. 200 – 201)。事实上，心的意象与意义，正是道家与《易经》之心的体现，接下来的“核心心理学”讲座便以此为基础。其中所包含的正是“金花的秘密”，以及荣格在其《自性化过程研究》(1933) 中所描述的“灵魂之花”。《自性化过程研究》是荣格在爱诺思东

---

① 澳门城市大学心理分析研究院建立于 2011 年，每年招收 30 位博士生和 60 位硕士生，大都以心理分析与中国文化为发展方向。

② 《荣格全集》20 卷，由荣格著作基金会授权，申荷永主编，将由译林出版社 2019 年陆续出版。

③ 《荣格文集》9 卷，由长春出版社 2014 年出版，大部分内容为《荣格全集》之外的荣格作品，高岚主编，申荷永总策划。

④ 即“点金石译丛”，申荷永主编，社会科学出版社 2003 年出版，主要由以“斐恩讲座”系列为基础的译作组成。

西方文化圆桌会议开始时的第一讲，在描述“灵魂之花”寓意的时候，荣格也分析了围绕“灵魂之花”的四个《易经》卦象。①

埃斯卡米拉：对于您接下来的演讲，有没有什么阅读资料推荐给大家？

申荷永：我在爱诺思东西方文化圆桌会议上做过两次主题报告（1997，2007），都是以“核心心理学”为主题。两次报告都被收入《爱诺思年鉴》（*Eranos Yearbooks*）：其一是《核心心理学与中国文化心理学》（1998），其二是《核心心理学：东西方现代化的东方视野》（2010）。最近，我为默瑞·斯丹主编的《荣格〈红书〉与我们的时代：在后现代背景中寻找灵魂》（*Jung's Red Book for Our Time：Searching for Soul under Postmodern Conditions*，Chiron，2017）撰写了一篇论文：《〈红书〉为什么是‘红’的?》（Why is *The Red Book* “Red”? —A Chinese Reader's Reflections）。我在第二十届国际分析心理学大会上的主题报告《道心惟微：〈易经〉与荣格心理分析，方法与意义》也被翻译为八种语言，英文已由Daimon出版社出版。以上都可以作为参考阅读。另外，还有几篇英文论文，也可参考：

Shen, H. (2010). Heart and soul in Shanghai. In T. Singer (Ed.), *Psyche & the city: A soul's guide to the modern metropolis.* New Orleans, LA: Spring Journal.

Shen, H. (2009). C. G. Jung and China: A continued dialogue. *Jung Journal: Culture & Psyche*, *3*(2), 5 - 14.

Shen, H. (2009). The heart of Jungian analysis and existential psychology. In L. Hoffman, M. Yang, F. J. Kaklauskas & A. Chan (Eds.), *Existential psychology east-west.* Colorado Springs, CO: University

① 围绕“灵魂之花”，荣格的个案X小姐使用了《易经》的四个卦象：（左上）豫、（右上）损、（右下）升、（左下）鼎。

of the Rockies Press.

Shen, H. (2006). Scientific psychology within the Chinese language and cultural context. *Physis; rivista internazionale di storia della scienza*, *43* (1-2), 333-342.

Shen, H., Gao, L., & Cope, T. A. (2006). *The I Ching*'s psychology of heart and Jungian analysis. *Psychological Perspectives*, *49* (1), 61-78.

Shen, H. (2004). *I Ching* and sandplay: Analytic psychology and Chinese culture. *Journal of Sandplay Therapy*, *13* (1).

Shen, H. (2000). Psychology of the heart. *The Salt Journal* (3).

以上这些英文文章大部分有网络版，可以作为参考阅读。

埃斯卡米拉：荣格心理学在中国取得了哪些新的发展？现在有多少分析师？

申荷永：我们最近刚成功举办了第八届心理分析与中国文化国际论坛（西安，2018年4月1—4日），与会者来自世界各地，有近千人。20年前我们举办第一届心理分析与中国文化国际论坛时，大约有100人参加，第二届有200余人，第三届则有300余人……第七届700余人，第八届超过800人……参会人数的增加也反映出荣格心理学在中国的快速发展。

24年前（1994年），托马斯·科兹、珍·科兹、默瑞·斯丹和简·斯丹作为IAAP正式代表来到中国，播下分析心理学发展的种子；接下来连续八届心理分析与中国文化国际论坛，以及有关专业发展，犹如种子的发芽与生长，开花结果，欣欣向荣。核心心理学也是这一发展过程中的成果。IAAP中国会议吸引了最好的《易经》学者，儒家、道家及禅宗学者，当然还有中医专家、艺术家、作家及诗人，他们共同参与东方与西方、心理分析与中国文化的沟通与对话。

我们现在有6个IAAP发展组织，分别在广州、香港、台北、澳门、上海和北京（另有武汉小组在申请中）。有 6 位国际分析心理学会心理分析师和 76 位候选者。

在学术与专业训练的基础上，我们还组织了“心灵花园”公益项目。该项目于 11 年之前（2007 年）启动，为中国的孤儿提供心理援助。当四川发生大地震时（2008），“心灵花园”志愿者在第一周抵达震区，建立工作站，坚持心理援助至今已有整整 10 年。2010 年，青藏高原玉树地区发生大地震，“心灵花园”志愿者也同样前往。目前在中国，我们已建有约 80 所“心灵花园”工作站，包括西藏拉萨、新疆乌鲁木齐以及内蒙古的呼和浩特……“心灵花园”公益项目将荣格心理学带入人类公共服务领域。

埃斯卡米拉：关于即将开始的主题演讲，你还要说些什么吗？

申荷永：荣格在其《红书》中说：“这里有一种深邃的心的知识。”（Jung，2009，p. 233）犹如帕斯卡尔的名言：“心有心的理智，理智对此一无所知。”在接下来以“核心心理学”（荣格心理分析之心）为主题的斐恩讲座中，我将分享和探索心的意象与意义，及其在“爱”“慈悲”“治愈”“自性”“自性化”以及“觉悟”中的体现。在汉字中，所有这些术语都以心的意象为核心。荣格曾说过，汉字是可读的原型，传达着无限深意、方法与道。

美国休斯敦荣格中心，采访研讨会现场（2018）

附录二 《红书》为什么是“红”的?[①]

荣格的《红书》是红的，这红色如此生动而富有魅力。2009 年，当我初次捧起《红书》时，我便心生思绪：这《红书》为什么是红的?

翻开《红书》，其首卷赫然印着大写的 D，也是耀眼的红色，凸显“来者之路”[②]。

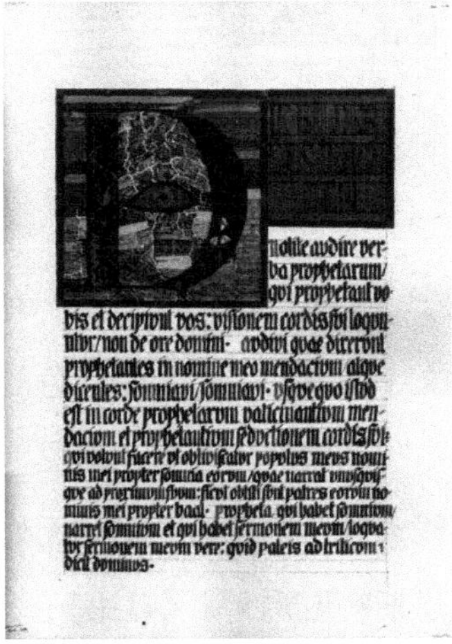

大写的 D

(《红书》第一卷“序言”)

随后，几乎每一行文字或每一段文字的开始，都是类似的红色。《红书》中诸多神秘的意象也都伴有红色，如伊兹杜拔穿着红衣（意象 36)[③]、“红人”（荣格曾

---

① 在准备斐恩讲座时，我收到默瑞·斯丹的来信，他谈起荣格《红书》对我们当代的启示。于是，我便加入他主持的项目：“荣格《红书》与我们的时代：在后现代背景下寻找灵魂”(Jung's *Red Book* for Our Time：Searching for Soul under Postmodern Conditions，后由 Chiron 出版社于 2017 年出版)。默瑞·斯丹认为，在一个世纪前创作《红书》时，荣格发现自己身处一个十分不确定的时代。实际上，我们今天的世界也面临类似的高度动荡和不确定性，它们威胁着所有个人、集体与文化的紧密联系与存在。《红书》为我们提供了在后现代背景下寻找灵魂的指引，有望成为 21 世纪划时代的作品。于是，我撰写了《〈红书〉为什么是‘红’的?》，作为从中国文化出发对“荣格《红书》与我们的时代：在后现代背景下寻找灵魂”的反思。

② 荣格《红书》第一卷“序言”的标题是“来者之路”(The Way of What is to Come)。

③ 伊兹杜拔（Izdubar）是吉尔伽美什早期的名字。

将其称为“极度彷徨的我”)① 当然也是红色的。“斐乐蒙”② 是红色的：红色的衣服与红色的翅膀（意象 154），以及周围所笼罩的红色气氛。

“红人”
（《红书》第二卷第一章）

伊兹杜拔
（《红书》中意象 36）

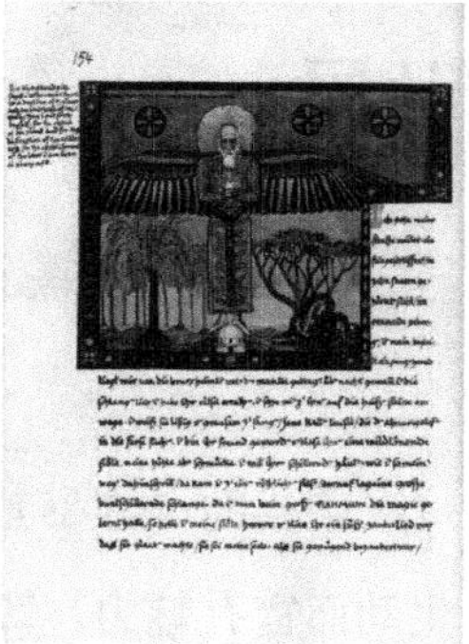

“斐乐蒙”
（《红书》中意象 154）

可见，不仅《红书》的封面是红色的，书中重要的内容，包括重要的文字与意象，也都是红色的。那么，这红色究竟意味着什么？

在索努·沙姆达萨尼（Sonu Shamdasani）的“序言”中，可发现一个线索触及这充满意义、无处不在的红色。1920 年的一天，荣格让卡莉·贝恩斯③重新抄写《红书》，卡莉·贝恩斯以给荣格写信的形式做工作记录。其中有这样的描述：

> （所以）你（荣格）说到，在梅林克④的另一部著作《白色多米尼克》（*White Dominican*）中，他使用了象征性描述，这种描述与你无意识中最初呈现的视觉意象非常类似。此外你还说，他提到一部包含某些神秘内容的“红书”，而你正在写作有关无意识的书，你已将其称为“红书”。（引自 Jung，2009，p. 212）

---

① 荣格《红书》第二卷第一章的标题是“红人”（Red One），而在《修改草稿》中荣格写的是“极度彷徨的我，红人”（Jung，2009，p. 157）。

② “斐乐蒙”（Philemon）由伊利亚的意象演化而来，最初于荣格的梦中出现（Jung，1963/1989），荣格将其画了下来。

③ 卡莉·贝恩斯（Cary Baynes），荣格的学生，与卫礼贤合译过《易经》。

④ 古斯塔夫·梅林克（Gustav Meyrink，1868—1932），奥地利作家。

荣格熟悉梅林克的作品，比如《戈伦》（*The Golem*，又译《魔像》《机器人》）、《绿面人》（*The Green Face*）和《白色多米尼克》等。事实上，在索努·沙姆达萨尼为贝恩斯未发信函所做的脚注中，可发现梅林克神秘小说的以下重要信息：

> “创始人”告诉新的英雄克里斯托弗：“任何人只要拥有这部朱红色的书，一种不朽的植物就会唤醒属灵的气息，它包含拯救生命的秘密……它之所以被称为朱红书，是因为根据古代中国的信仰，红色是那些达到至善之人所穿服装的颜色，这些人为拯救人类而留在了地球。”（引自 Jung，2009，p. 180）

可见，荣格的《红书》，冥冥之中，就与中国文化有着不解的渊源。

《白色多米尼克》是梅林克最具神秘色彩的小说，它从诸多文化传统中吸收智慧与启迪，尤其是中国道家。追随于道，小说中的英雄克里斯托弗加入延伸于无限的“生命链”（the living chain）。据道家传统，朱红被认为是生命与永恒的色彩。

人面鱼纹彩陶盆
（半坡遗址，公元前 4800—4300）

朱红（cinnabar-red），或朱砂（vermilion）也被称为“中国红”。在中国，有关朱砂用作涂料的最初记录可见于约公元前 5000 年的仰韶文化。朱砂被用在一些表示文化仪式的陶器上。自古以来，朱红被视为血的颜色，于是具有生命的色彩，以及心与灵魂的意象。17 世纪，中国朱砂出口澳大利亚，当时属于最贵重的涂料之一，近于金箔的价格。那时朱红往往只是被用于装饰书稿插图中最重要的部分。

荣格在为《红书》所写的后记中说：

> 我一向明白这些体验包含某种珍贵的东西，因而最好是将其做

‘珍贵’的记录，也就是说，将其记录在珍贵的书中，尽我所能通过重新体验或使其复活，来描绘那些涌现的意象。（Jung，2009，p. 360）

汉字用“朱红”，来表示荣格《红书》所用的红色。“朱”，表示红心的树木，如《说文解字》所注解的“赤心木”。其甲骨文字形（）中间的“点”，表明这木中之红心。在古代，皇帝或道家尊者所用之笔便与此树木有关。

汉字“红”，其篆体如，由“糸”（）和“工”（）组成。“糸”的意象与“养蚕”和“桑树”有关联。古代中国人崇拜桑树，将其视为生命之树或母亲之树，象征着女性与母性的原型。

汉字“工”的原始象征与“巫”（）有关。在其缘起意象中，亦如经典字书的记载与阐释，巫者能够沟通天地。比如，《说文解字》释曰：“（巫）祝也。女能事无形，以舞降神者也。象人两袖舞形。与工同意。古者巫咸初作巫。凡巫之属皆从巫。”

与“朱砂”之红有关的另一个汉字是“丹”，其甲骨文如，本义与炼金术道家修炼有关。比如，道家内丹有“丹田”之说，认为其存藏精气神。也如一些翻译的表达，“丹田”为“性命之祖”“生气之源”。在内丹修炼时，丹田是精气神凝聚转化的关键。实际上，汉字“丹”，也具有“心”的意象、象征与内涵。① 同时，丹与朱砂，也为传统中药，称为“龙血”。事实上，其本身具有毒性（含有硫化汞），但与其他草药配合使用的时候，如阴阳五行原理所示，则具有疗愈的功能。《神农本草经》将其列为玉世上品，称能养精神、安魂魄。②

由此可见，朱红或丹红的汉字及其意象，具有重要与深远的象征意

① 如“丹心”，如古语“赤心无伪曰丹”。
② 道家素有炼丹的传统，所炼制的药物，包括“长生不老药”，统称丹药。

义。荣格曾学习《易经》和汉字，曾用“可读的原型”来形容他对汉字和中国意象的感叹与赞美。①

The Red book，译为中文是《红书》，而其所用拉丁文（*Liber Novus*）为《新书》。汉字“新”，其甲骨文如，本义为“取木”。段玉裁注《说文解字》：“取木者，新之本义。”（或许，此木也正是那特殊的“赤心木”，如朱红之“朱”）。一种特殊的共时性，“新”，其中文的发音，与“心”相同。因此，《红书》作为《新书》而论，在中国文化的背景中，也有“心书”的象声象意。汉字“心”的意象，在中国文化中具有核心的意义，比如《易经》之“圣人以此洗心”、儒家之“仁义礼智根于心”、道家之“虚其心”与“心斋”，以及佛教之“以心传心，明心见性”。以此为基础，我们提出“核心心理学”，作为荣格心理分析在中国的发展与实践。

红是心与血的色彩，同样也与造血的肝有关。在《红书》第二卷第十三章“献祭性谋杀”（Sacrificial Murder）中，荣格描述了其与“肝”相遇的经历。一位身披黑色斗篷的女人告诉他：“你知道肝意味着什么吗？你应该用肝来实施疗愈。”（Jung，2009，p. 290）当其吃下肝脏的时候，荣格见到了自己的灵魂。② 1927 年 1 月 2 日，荣格做了“肝池”（Liverpool，利物浦）之梦。梦中广场的中央是一个水池，水池中央则是一个小岛，“岛上只长着一棵树。这是一棵玉兰，上面开满了千百朵红花。这棵树仿佛就立在阳光之中，但同时又是那光源。”（Jung，1963/1989，p. 198）当荣格在自传中提到此梦的时候，他说：“我体验到具有非尘世之美的意象，这是我赖以生存的根本原因。‘利物浦’就是‘生命之池’。‘肝’（Liv-

① 在 1960 年 8 月 24 日写给维特卡特（W. P. Witcutt）的一封信中，荣格说：“如你自己已经发现的，《易经》由可读的原型构成，《易经》不仅时常呈现真实情景的图像，而且包含未来，简直如梦一样。”（Jung，1973d，p. 584）

② “‘我跪在石头上，割下一块肝放进我的嘴里。’那女人掀开她的面纱，她是一位有着金黄头发的美丽少女。她对他说：‘我是你的灵魂。’”（Jung，2009，p. 290） er)，在古人看来，就是'生命之本'，由此创造生命。"(p. 198)

肝是生命之本，也符合中医的阴阳与五行理论。肝属木，可生火性之心：人类生命之源。同时，在中国文化传统中，肝藏魂，此魂也即荣格分析心理学中的阿尼玛（Anima）或者灵魂。即使是荣格梦中作为城市的"利物浦"——那里有欧洲最早也是最大的中国城——也是共时性的一种体现。

对于荣格来说，其"利物浦"之梦对于理解自性、自性化以及生活本身，都起到十分重要的作用。他在自传《回忆·梦·思考》中说："随这个梦而来的还有一种命中注定感。我看出来，这个梦对目的是什么已做出了启示。一个人是无法走到这个中心之外的。这个中心就是那个目的，而一切都是引向这个中心的。通过这个梦，我明白了，自性就是方向与意义的原则和原型，其治愈性作用就存在于其中。""对我来说，这种顿悟暗示了通向这个中心——因而也就是到达这一目标的方法；从中涌现出我个人神话的最初心迹。做过这个梦之后，我便不再画曼荼罗了。这个梦描绘了无意识发展全过程的最高阶段。"(p. 199)

在《红书》的附录中，我们可以看到荣格描绘的与"利物浦"之梦场景有关的"城市计划"(the town plan)。为此，索努·沙姆达萨尼做了这样的注释："这幅草图是意象159的基础，它将此梦与这曼荼罗联系了起来。"(p. 362)《红书》中的意象159是被称为"永恒之窗"的曼荼罗。

"永恒之窗"
(《红书》中的意象)

在其《〈金花的秘密〉心理学评论》中，荣格对此画有这样的描述："中间是一朵发光的花，星星在它周围旋转。花周围的墙上有八个门。整个构思为透明窗口。"(Jung, 1929/1983, § 84) 荣格在其著述与讲座中多次提及这曼荼罗意象与其"利物浦"之梦。

比如在《军荼利瑜伽心理学》中，荣格说：“我非常清楚自己，我能够如此表达自己：在我的奇妙中心，恰如我在我的心中……现在，‘利物浦’是生命的中心——肝是生命的中心——而我并非中心。”（Jung，1932/1996，p. 100）在《回忆·梦·思考》中，荣格说在做了“利物浦”之梦后，他“画了第二幅画，类似的曼荼罗，其中心是一座金色的城堡。”（Jung，1963/1989，p. 197）

对于这幅曼荼罗，荣格说：“画完之后，我问自己：‘这画怎么充满中国感觉?’其形式和色彩令我印象很深，带给我中国感觉，尽管外观似乎与中国没有任何关联。然而，其中的中国气氛却深深影响着我。这完全是共时性的体现，因为随后不久我便收到卫礼贤的邮件，包含论述道教炼丹的文稿，标题正是‘金花的秘密’，他希望我就此写一篇评论文章。”（p. 196）我们知道，从“利物浦”之梦到“金花的秘密”，对于荣格是如此重要。荣格接着说：“我即刻沉浸于这文稿之中，就我关于曼荼罗及这居中圆绕的想法，此书给予了意想不到的证实。这是打破我孤独的第一件事。我开始意识到一种共鸣，终于可以与某事和某人建立联系了。”（p. 196）

《金色城堡》
（《红书》中的意象）

荣格将自己与卫礼贤相遇视为一生最富有意义的事情。对于荣格来说，卫礼贤通过其对中国经典的翻译，为西方移植了中国精神的基因。在其自传《回忆·梦·思考》中，荣格说：“为纪念此巧合，也即这种‘共时性’，我在这幅带给我如此深刻的中国印象的画作下面写道：‘1928年，在我画这幅画，呈现这金色并安全设防的城堡时，卫礼贤从法兰克福给我寄来关于金色城堡的中国千年文本：金刚体的圣胎。’”（p. 197）如前所述，在《红书》中，我们可以看到“金色城堡”的细节以及荣格的注释。

对于《红书》中的红色，我们仍然可以问同样的问题。

中国之“中”，并非仅为某个族群或国家的概念，如中医不能仅作为“中国的医学”来理解一样。其核心或奥秘，尽在汉字“中”的意象里。

“中”的甲骨文如中，其基本含义为核心、中心（均与心有关），以及时中、中和与和谐。中也是正午的象征。《红书》之“红”在中国被称为“朱红”，在其朱砂与赤心木意象之外，也与太阳在正午的色彩有关。

“中”是《易经》的重要原则，如每一卦的“二”与“五”，作为内卦与外卦之“中”。因此，“中”具有超越性功能、阴阳的平衡性，或者第三种水平的意义。这也正是“中医”的本义：以“中”为原则来疗愈。《易传·系辞》之“系”（系），也是《红书》之“红”的组成。其意象中包含“结绳记事”的象征意义，以及《易经》缘起之《河图》《洛书》的中数与核心。

中国文化尤其“尚中”，如《易经》之“执中”、儒家之“中庸”、道家之“守中”、佛教之“中道”。老子说：“万物负阴抱阳，冲气以为和。”（《道德经》第四十二章）“中”亦为儒家之基石，如《中庸》所言：“喜怒哀乐之未发，谓之中；发而皆中节，谓之和。中也者，天下之大本；和也者，天下之达道也。致中和，天地位焉，万物育焉。”就佛家教义而言，“中道”，以及世尊所传之“八正道”，其中文表达均有“中”与“道”。

《红书》中的记录，呈现荣格对心灵（the heart and soul）、中与道，或者自性与自性化的不懈追求。比如，1914 年 6 月 24 日，荣格写道：“夜里我的灵魂对我说：‘最伟大变为最微小。’”①（Jung，2009，p. 336）此后荣格沉默一年，其间看到一只鱼鹰抓起一条大鱼飞向天空，并再次听到那声音：“这便是高下相倾的标志。”②（p. 336）汉字“中”，以及《红书》之“红”的意象与意义，也正是在表达“难易相成”“高下相倾”：对立

① 老子“难易相成”的思想（《道德经》第二章）。

② 老子“高下相倾”的思想（《道德经》第二章）。

中的统一。若我们来阅读以“斐乐蒙”（Philemon）之名所作的《向死者的七次布道》，或许也能感觉到其中所包含的道家与佛教的教义：“我始自虚无。虚无如同充满。在无限中，充满与空虚相同。虚无既是空虚又是充满……”（p. 346）

在《分析心理学两论》中，荣格说：“我将祈求老子，借用其道的概念，中道，万物创造之核心。”（Jung，1942/1972，§365）在《心理类型》中，荣格引用《道德经》的诸多章节，来阐释“整合性象征”（the uniting symbol），比如（Jung，1921/1976，§359；见《道德经》第二十五章）：

有物混成，
先天地生。
寂兮寥兮，
独立不改，
周行而不殆，
可以为天下母。
吾不知其名，
字之曰道。

对此，荣格说：“很遗憾，对此我们西方心理学十分缺乏，从未出现类似的概念：通过中道来整合对立。这种内在体验的最基本事实，可以作为对中国道的概念的尊重。它既是最个人的事实，也是个人生命意义中最普遍、最合理的实现。”（Jung，1942/1972，§327）“道是正确的道路，法则之所在。对立间的中道，使对立获得解放，并使其整合。生活之目的是走此中间道路，永远不要偏向于对立面。”（§192）道家之道德的目标，是超越对立的宇宙张力，回归于道。

在《红书》的最后一页（写于1959年的“跋”），荣格提到卫礼贤与《金花的秘密》。荣格说：“我为这部作品倾注十六载的光阴，而1930年与炼金术的邂逅使我离开了它。最终的结束在1928年到来，那时我的好友卫礼贤将《金花的秘密》文稿寄给我，这是一部炼金术的经典。书中的内容找到了它们自己进入现实的道路，所以我不再继续创作（《红书》）了。”（Jung，2009，p. 360）在其《纪念卫礼贤》的文章中，荣格曾有这样的表达：“卫礼贤在最高的意义上彻底完成了他的使命。他不仅为我们打开了古老的中国思想宝库，而且如我所指出的，他带来了中国精神的根，滋生了数千年的根，并把它移植到欧洲的土壤之中。随着这一任务的完成，他的事业也到达了顶峰，不幸的是，也到达了终点。按照中国人所精通的物极必反、相反相成法则，一个过程的完结正是其对立面的开端。”（Jung，1930/1971，§ 94）尽管《红书》继烛见跋，但其精神远扬。实际上，荣格的“波林根”，也如《红书》的延伸，犹如《新书》第四卷（*Liber Quartus*）。荣格与炼金术的相遇，以及随后所面对的世界，同样是一种发展。所有一切都寓意自性化的过程，这对我们以及当今世界，都具有深刻启迪。

道法自然。卫礼贤将汉字“道”，译为欧洲语言中的“意义”。对此，荣格十分欣赏。荣格说：“我们必须在更为广泛的意义上继续卫礼贤的翻译工作，如果我们希望做老师有价值的学生的话。卫礼贤将中国哲学的核心概念——‘道’译为‘意义’，正如卫礼贤将东方精神财富的意义注入欧洲。为此，我们应该将此意义融入生活。这样去做，就是实现道——这将是学生的真正任务。”（§ 78）

翁法洛斯圆石
（寓意“世界之脐”，希腊德尔菲博物馆）

在德尔菲神庙，有被称为翁法洛斯（Omphalos）的圆石，它具有探索万物中心、整合对立的象征意义。据传，德尔菲作为翁法洛斯的圣地，包含与上帝，或与深度精神沟通的途径。如果我们仍然有与深度精神沟通的机会，就像荣格那样，或许我们便应该记住《红书》之“红”的意象与意义，以及“中”与“中庸”

的原理。或者，如梅林克的描述：“……一种不朽的植物就会唤醒属灵的气息……这些人为拯救人类而留在了地球。”也如荣格在《红书》“跋”的结尾所示：“我知道，即使如此，仍然难以穷尽；尽管困难重重，我亦然对其真诚；尽管另有可能，我也从未……”（Jung，2009，p. 360）因此，《红书》或者《新书》及其朱红的封面，犹如中文语义中的“心书”，也具有对我们当今世界的指引价值。

参考文献

Campell, J. (1964). Editor's foreword. In *Man and transformation: Papers from the Eranos yearbooks* (Vol. 5, J. Campell Ed. & R. Manheim Trans.). New York: Pantheon Books.

Cao, B., Gao, L., Jia, Z., & Wu, B. (2019). The garden of the heart and soul: The image, the way, and the meaning. *Journal of Analytical Psychology*, *64* (1), 43 – 52.

Eliade, M. (1982). *Ordeal by Labyrinth: Conversations with Claude-Henri Roquet* (D. Coltman Trans.). Chicago, IL: University of Chicago Press.

Hannah, B. (1981). *Encounters with the soul: Active imagination as developed by C. G. Jung*. Santa Monica, CA: Sigo Press.

Jung, C. G. (1969a). The Relations between the ego and the unconscious. In H. Read et al. (Series Eds.) & R. F. C. Hull (Trans.). *The collected works of C. G. Jung* [*CW*] (Vol. 8). Princeton, NJ: Princeton University Press. (Original work published 1928)

Jung, C. G. (1969b). Foreword to Suzuki's "Introduction to Zen Buddhism". In *CW* (Vol. 11). Princeton, NJ: Princeton University Press. (Original work published 1939)

Jung, C. G. (1969c). Foreword to the "I Ching". In *CW* (Vol. 11). Princeton, NJ: Princeton University Press. (Original work published 1950)

Jung, C. G. (1969d). Synchronicity: An acausal connecting principle. In *CW* (Vol. 8). Princeton, NJ: Princeton University Press. (Original work published 1952)

Jung, C. G. (1969e). Psychological commentary on "The Tibetan book of the dead". In *CW* (Vol. 11). Princeton, NJ: Princeton University Press. (Original work published 1935/1953)

Jung, C. G. (1969f). Psychological commentary on "The Tibetan Book of the Great Liberation". In *CW* (Vol. 11). Princeton, NJ: Princeton University Press. (Original work published 1939/1954)

Jung, C. G. (1971). Richard Wilhelm: Inmemoriam. In *CW* (Vol. 15). Princeton, NJ: Princeton University Press. (Original work published 1930)

Jung, G. G. (1972). *Two essays in analytical psychology.* In *CW* (Vol. 7). Princeton, NJ: Princeton University Press. (Original work published 1942)

Jung, C. G. (1973a). Anonymous (25 October, 1935). In G. Adler & A. Jaffe (Eds.) & R. F. C. Hull (Trans.). *Letters* (Vol. 1, pp. 200 - 201). Princeton, NJ: Princeton University Press.

Jung, C. G. (1973b). To Heinrich Zimmer (December 12, 1938). In *Letters* (Vol. 1, p. 250). Princeton, NJ: Princeton University Press.

Jung, C. G. (1973c). To Günther Däss (July 12, 1947). In *Letters* (Vol. 1, pp. 470 - 471). Princeton, NJ: Princeton University Press.

Jung, C. G. (1973d). To Chang Chung-yuan (26 June, 1950). In *Letters* (Vol. 1, pp. 559 - 560). Princeton, NJ: Princeton University Press.

Jung, C. G. (1973e). To Erich Neumann (28 February, 1952). In *Letters* (Vol. 2, pp. 41 - 43). Princeton, NJ: Princeton University Press.

Jung, C. G. (1973f). To Michael Fordham (January 3, 1957). In *Letters* (Vol. 2, pp. 343 - 344). Princeton, NJ: Princeton University Press.

Jung, C. G. (1973g). To the Rev. W. P. Witcutt (24 August, 1960). In *Letters* (Vol. 2, pp. 584 -585). Princeton, NJ: Princeton University Press.

Jung, C. G. (1976). *Psychological types.* In *CW* (Vol. 6). Princeton, NJ: Princeton University Press. (Original work published 1921)

Jung, C. G. (1977a). *Symbols of transformation.* In *CW* (Vol. 5). Princeton, NJ: Princeton University Press. (Original work published 1911-1912/1952)

Jung, C. G. (1977b). *Mysterium coniunctionis.* In *CW* (Vol. 14). Princeton, NJ: Princeton University Press. (Original work published 1955-1956)

Jung, C. G. (1977c). The Tavistock lectures. In *CW* (Vol. 18). Princeton, NJ: Princeton University Press. (Original work published 1936)

Jung, C. G. (1977d). Religious belief. In *CW* (Vol. 18). Princeton, NJ: Princeton University Press. (Original work published 1956-1957)

Jung, C. G. (1979). *Aion: Researches into the phenomenology of the Self.* In *CW* (Vol. 9, pt. 2). Princeton, NJ: Princeton University Press. (Original work published 1951)

Jung, C. G. (1980). Individual dream symbolism in relation to alchemy. In *CW* (Vol. 12). Princeton, NJ: Princeton University Press. (Original work published 1936)

Jung, C. G. (1981a). A study in the process of individuation. In *CW* (Vol. 9, pt. 1). Princeton, NJ: Princeton University Press. (Original work published 1934/1950)

Jung, C. G. (1981b). Concerning mandala symbolism. In *CW* (Vol. 9, pt. 1). Princeton, NJ: Princeton University Press. (Original work published 1950)

Jung, C. G. (1981c). Psychic conflicts in a child. In *CW* (Vol. 17). Princeton, NJ: Princeton University Press. (Original work published 1946)

Jung, C. G. (1983). Commentary on "The Secret of the Golden Flower". In *CW* (Vol. 13). Princeton, NJ: Princeton University Press. (Original work published 1929)

Jung, C. G. (1984). *Dream analysis: Notes of the seminar given in 1928–1930* (W. McGuire Ed.). Princeton, NY: Princeton University Press.

Jung, C. G. (1988). *Man and his symbols.* New York: Anchor Press. (Original work published 1964)

Jung, C. G. (1989). *Memories, dreams, reflections* (A. Jaffe Ed. & C. Winston Trans.). New York: Vintage Books. (Original work published 1963)

Jung, C. G. (1996). *The psychology of kundalini yoga: Notes of the seminar given in 1932* (S. Shamdasani Ed.). Princeton, NJ: Princeton University Press.

Jung, C. G. (1997). *Visions: Notes of the seminar given in 1930–1934* (C. Douglas Ed.). Princeton, NY: Princeton University Press.

Jung, C. G. (2009). *The red book* (S. Shamdasani Ed.). New York: Norton.

Jung, C. G., & Foote, M. (1976). *The visions seminars: From the complete notes of Mary Foote* (Vol. 2). Zurich: Spring.

Kalff, D. (2003). *Sandplay: A psychotherapeutic approach to the psyche.* Cloverdale, CA: Temenos Press. (Original work published 1980)

Ritsema, R., & Karcher, S. (Trans.) (1994). *I Ching: The classic Chinese oracle of change.* Brisbane: Element Books.

Stein, M. (1995). Report on an IAAP visit to China. IAAP. *Newsletter, 15.*

Wilhelm, R. (Jan. 21, 1929). My Meeting with C. G. Jung in China (*Meine Begegnung mit C. G. Jung in China*). *Neue Zürcher Zeitung*.

Wilhelm, R., & Baynes, C. F. (Trans.) (1967). *I Ching/Book of changes.* Princeton, NY: Princeton University Press.

Wu, Q., Zhao, Z., Liu, L., Granger, D. E., Wang, H., Cohen, D. J., ...& Zhang, J. (2016). Outburst flood at 1920 BCE supports historicity of China's Great Flood and the Xia dynasty. *Science*, *353* (6299), 579 - 582.

高岚，申荷永.(1998). 荣格心理学与中国文化. 心理学报，30 (2)，219 - 223.

荣格.(1988). 回忆·梦·思考：荣格自传（刘国彬，杨德友，译). 沈阳：辽宁人民出版社.

荣格.(1991). 分析心理学的理论与实践：塔维斯托克讲演（成穷，王作虹，译). 北京：三联书店.

荣格.(2000). 东洋冥想的心理学：从易经到禅（杨儒宾，译). 北京：社会科学文献出版社.

荣格.(2014). 梦的分析//荣格文集（高岚，主编). 长春：长春出版社.

荣格.(待出版). 《西藏大解脱书》的心理学阐释（朱彩方，译）//荣格全集（申荷永，主编). 南京：译林出版社.

申荷永.(1991). "心"与"心理学". 社会科学动态 (10).

申荷永.(1997 - 03 - 01). 心理学与中国文化. 光明日报（学术理论版).

申荷永.(2000 - 07 - 25). 中国文化与心理学. 光明日报（学术理论版).

申荷永.(2001). 中国文化心理学心要. 北京：人民出版社.

申荷永.(2004). 心理分析：理解与体验. 北京：三联书店.

申荷永.(2009). 三川行思：汶川大地震中心灵花园纪事. 广州：广东科技出版社.

申荷永.(2011). 洗心岛之梦：感应心法与自性化过程. 广州：广东科技出版社.

申荷永.(2017). 听之以心. 心理分析 (2)，82 - 86.

申荷永（主编).(2006). 灵性：分析与体验. 广州：广东教育出版社.

申荷永，高岚.(1999). 理解心理学. 广州：暨南大学出版社.

申荷永，高岚.(2000). 《易经》与中国文化心理学. 心理学报，32 (3)，348 - 352.

申荷永，高岚.(2018). 荣格与中国文化. 北京：首都师范大学出版社.

卫礼贤.(1998). 中国心灵（王宇洁，罗敏，朱晋平，译). 北京：国际文联出版公司.

卫礼贤，荣格.(2011). 金花的秘密：中国生命之书（邓小松，译). 合肥：黄山书社.

徐中舒（主编).(1988). 甲骨文字典. 成都：四川辞书出版社.

后　记

当2008年得知获2018年“斐恩讲座”主讲人提名时，我倍感荣幸，尽管当时感觉2018年十分遥远。

从2008年到2018年，核心心理学、心理分析与中国文化，都经历了难得的锻炼与发展。

2008年5月，中国汶川发生里氏8.0级大地震。犹如“铜山西崩，灵钟东应”，我们洗心岛文化暨东方心理分析研究院团队，义无反顾赶赴震区，建立“心灵花园”为受难者提供心理援助，从而有机会与羌族禹里与炎帝神农文化相遇。2010年4月，玉树大地震发生，我们同样前往从事心理救援工作，从而有机会亲近藏地，瞻仰祖山，感受黄河、长江、澜沧江之三江源头。

核心心理学的一些基本理念，如感应心法、命名与启蒙、滋养与化育、时机与转化、从体认到体悟，以及大禹、神农与伏羲文化原型的启迪，逐渐成为具有生命意义的体验，融入真实的生活，触及心灵。

2008年以来，在前三届心理分析与中国文化国际论坛（1998—2006）的基础上，我们将其推进至新的五届。2018年，我们有了第八届：“觉悟与自性化：东方与西方”。荣格心理学已植根于中国，茁壮成长。

荣格心理学在中国的发展，与核心心理学相辅相成。核心心理学的发展过程，也正是文化心灵的觉醒过程。因此，这种相辅相成，可以说是感应与共时性的体现。从托马斯·科兹和珍·科兹、默瑞·斯丹和简·斯丹代表国际分析心理学会访问中国以来，许多荣格学者与朋友前来中国教学相助，如约翰·比毕、戴维·罗森、斯坦顿·马朗、哈里特·弗里德曼、柯莎莉（Sally Kauffmann）、茹思·安曼、鲁伊基·肇嘉、伊娃·帕蒂斯·肇嘉（Eva Pattis Zoja）、汤姆·凯利、玛丽安·穆勒、罗伯特·博斯纳克、维蕾娜·卡斯特（Verena Kast）、克里斯蒂安·盖拉德、乔·凯布雷、赫斯特·所罗门、樋口和彦、维维安·蒂博迪尔（Viviane Thibaudier）、玛塔·蒂巴尔迪（Marta Tibaldi）、安·凯斯门特（Ann Casement）、马雪莉（Shirley Ma）、李琪（Chie Lee）、菲奥娜·佩里格里诺（Ffiona Perigrinor）、保罗·库格勒、布雷恩·费尔德曼（Brain Feldman）、安吉拉·康诺利、亚历山大·艾斯特怀森、艾伦·古根鲍尔（Allan Guggenbuel）……同时，约瑟夫·亨德森、詹姆斯·希尔曼、琼·辛格、马里奥·亚考毕等，同样给予了鼓励、支持与期望。在此过程中，也有许多中国学者加入，如《易经》学界的刘大钧、吴怡，道家的胡孚琛、任法融、曹础基，佛教界的陈兵、释济群、释明生，中医界的莫飞智、黄立新、赵燕平，以及哲学家与文化学者颜泽贤、卢跃刚、毕淑敏……开放与深远、东方与西方，相辅相成，自然而然地融合。

伴随核心心理学的发展，我真切体验了“心斋”“中孚”与“感应”，以及心灵的真实性与自主性。走过寓意自性的森林，既具有象征性的意义，也是真实的经历；触及荣格与“斐乐蒙”的钥匙，并用其打开波林根的大门；最终，抵达“洗心岛”。此即感应心法之以心传心，也是心灵的觉悟与自性化的体现。

在美国休斯敦荣格中心做“核心心理学”斐恩讲座的现场（2018 年 5 月）

在美国休斯敦荣格中心做“核心心理学”斐恩讲座时，与弗兰克·麦克米兰三世

在美国休斯敦荣格中心做“核心心理学”斐恩讲座时，
与该中心主任迈克尔·埃斯卡米拉

图书在版编目（CIP）数据

核心心理学：申荷永斐恩讲座/申荷永著．—北京：中国人民大学出版社，2020.1
ISBN 978-7-300-27831-5

Ⅰ.①核…　Ⅱ.①申…　Ⅲ.①心理学-研究　Ⅳ.①B84

中国版本图书馆 CIP 数据核字（2019）第 295598 号

核心心理学
申荷永斐恩讲座
申荷永　著
Hexin Xinlixue

出版发行	中国人民大学出版社		
社　　址	北京中关村大街 31 号	**邮政编码**	100080
电　　话	010－62511242（总编室）		010－62511770（质管部）
	010－82501766（邮购部）		010－62514148（门市部）
	010－62511173（发行公司）		010－62515275（盗版举报）
网　　址	http://www.crup.com.cn		
经　　销	新华书店		
印　　刷	北京捷迅佳彩印刷有限公司		
开　　本	720 mm×1000 mm　1/16	**版　　次**	2020 年 1 月第 1 版
印　　张	12 插页 2	**印　　次**	2025 年 6 月第 2 次印刷
字　　数	154 000	**定　　价**	45.00 元